AF372030

Distinguished Anyways

Un proyecto de La Ribot para la
Real Academia de España en Roma

Un progetto di La Ribot per la
Reale Accademia di Spagna a Roma

A project by La Ribot for the
Royal Spanish Academy in Rome

Photographs by Christian Lutz

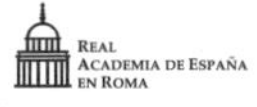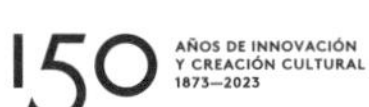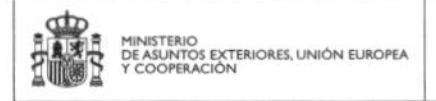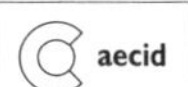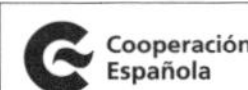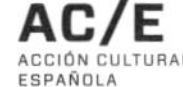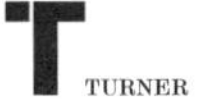

La Ribot
Distinguished Anyways
Photographs by Christian Lutz

De los atardeceres rojos,
blancos y azules

Al caer el sol, los cientos de pájaros que anidan en la Academia planean sobre los tejados, los claustros y las cabezas de quienes no dejan de sorprenderse por la belleza del espectáculo. Los ojos atónitos de quienes visitan por primera vez San Pietro in Montorio no saben a dónde mirar. Unos se descubren perplejos al encontrarse con el templete de Bramante, aparentemente austero, pequeño, delicado y solemne en el equilibrio de sus formas. Majestuoso en lo que insinúa e inquietante por la calma llena de "buena vibra" que a algunos nos sigue haciendo temblar. Otros sucumben al contemplar cómo Roma se rinde a los pies del Gianicolo –en donde se encuentra la Academia– y se va elevando más allá del Tíber, suave, salpicada de cúpulas y alguna que otra colina de aquellas que estudiamos y que siempre intentamos buscar entre los recuerdos de lo aprendido, enfrentándonos a la cartografía de una ciudad que nos engaña pareciendo inmutable a lo largo de los años… Pero realmente no es así, es un espejismo. Nada en Roma es igual. Ni un solo día. Ni un atardecer. Es como el murmullo de esa fuente que brota en nuestro claustro y que nunca suena igual.

Y si tuviera que recordar uno de esos momentos mágicos a los que querría aferrarme y que todos mis poros respirasen lo que los oídos intentaban descifrar y mis hambrientos ojos guardar serían esos increíbles atardeceres que nos regaló La Ribot. María. Ella. La Ribot. Que tejió con la complicidad de sus silenciosos bailarines, de Juan, de Piera, de Martín, Mathilde y Thami. Que hilvanó Jaime. Que zurció Miguel con enorme eficacia, como siempre atento a los detalles, apoyado por Arturo. Un sueño que nació de Estrella, nuestra estrella, y que hizo posible tejiendo palabras, llamadas y esperanzas que habían comenzado como tantas historias años antes. En conversaciones, cafés, *emails* y muchísimos vaivenes donde los presupuestos, negociaciones y acuerdos encontraron la complicidad nunca suficientemente valorada de quienes creen en lo posible, de quienes son conscientes de la relevancia de la institución y avanzan con toda la confianza depositada en el equipo de la Academia de Roma. José Ángel, Guzmán, Isabel o Elena fueron/son algunos de ellos; pero también Marisa, Ana, M. Luisa, Silvia, Marga, Cristina, María, Brenda, Paola, Pino… Muchos, realmente muchos. Son más, y están entre las páginas de este libro que les invito a recorrer.

Un libro que es el avance de otro. Una suerte de aperitivo a la romana que se sirve para abrir boca al atardecer. Vendrán páginas, imágenes que ojalá les transporten –como a mí– a esas tardes en las que los pájaros callaron al planear

sobre cuerpos rojos, blancos y azules. Ojalá puedan asomarse a las retinas de los
que recorrieron los jardines, subieron a la torre o estuvieron en los claustros de la
Academia. La Academia, sí. La Academia y su templete de Bramante. Un milagro
de institución en la que no solo habitan creadores e investigadores que dejan lo
mejor de sí mismos haciendo posibles sus anhelados proyectos. Una Academia
que, además, abre sus puertas a excelentes y reconocidísimos artistas, quienes,
como La Ribot, se dejan seducir por el alma de una casa llena de tanta energía,
talento y afectos. Una Academia que, en aquellos atardeceres, vibró con la
especialísima magia de María y sus bailarines, cuyos cuerpos mojados seguirán
resonando en esa danza ritual alrededor del Templete que nunca olvidaremos los
que estuvimos ahí...

Y eso tiene la *performance*, que hay que seguir al artista, que hay que sentir en
directo cada respiro, cada susurro, empaparse de cada gota de su sudor... Así
que les propongo seguirla por donde vaya. Y, mientras tanto, zambullirse en esta
publicación que es, además, una invitación a conocer la Academia de España
en Roma guiados por La Ribot, su maravilloso conjunto monumental y, como
Stendhal, dejarse seducir por nuestros atardeceres. Como lo hizo La Ribot durante
las tardes romanas de un verano del 2021.

*Questa mattina, 16 ottobre 1832 mi trovavo a San Pietro in Montorio, sul
monte Gianicolo, a Roma, e c'era un sole magnifico. Un leggero vento di
scirocco appena percepibilide faceva muovere alcune nuvolette biache
sopra il monte Albano; un tepore delizioso regnava nell'aria, ero felice
di vivere... Questo luogo è unico al mondo, mi dicevo sognando...*
Stendhal, 1832

María Ángeles Albert
Directora de la Real Academia de España en Roma

La Ribot en la Academia de España en Roma
A modo de paseo entre los rincones del edificio
Estrella de Diego

Quizá sea cierto que a finales del siglo xix el mundo –cada vez más grande– se mira con nuevos ojos, incluso diría casi que se buscan nuevos parajes adecuados a la mirada que entonces traza los caminos: lugares que puedan ser descritos desde la percepción casi dramática del acontecimiento. Las escalas clásicas del *Grand Tour* son percibidas de forma sorprendente. Italia, modelo de estudio y lugar de formación entre la clase acomodada –"ilustrada"– del 1700, se convierte para los viajeros de finales del 1800 en una suerte de fractura, el lado trágico y casi lúgubre del pasado, la pérdida esencial de un tiempo que se ha ido; la visibilización de una belleza fantasmagórica, extinguida, que transforma el "museo" de mediados del 1700 en la "ciudad muerta" de finales del xix, donde la Historia no es territorio de investigación, sino de nostalgia y melancolía, el instinto de no querer superar la pérdida. Pese a todo, ¿no es la operación de transformar la realidad en "museo" un modo como otro de desposeerla, de reordenarla, de añorarla?

El "museo" es el epítome del orden, de la realidad desplazada, el territorio donde los fantasmas luchan por habitar a sus anchas y la Ilustración, ya se sabe, se esforzaba por desterrar a los fantasmas de su imaginario. Pero temer o desterrar a los fantasmas no es garantía de hacerlos desparecer, muy al contrario. Ese orden ilustrado –a su manera orden clásico– acababa por anticiparse peligrosamente a cierto territorio de lo pasado irrecuperable que anhelaban los citados viajeros de finales del xix, aquellos vaticinados por los protagonistas de Stendhal. Al final, la Italia que iban buscando los viajeros de los siglos xviii y xix, cada uno a su manera, se modificaba solo en tanto texto, en tanto Italia escrita; en tanto narrativa. El "museo" de mediados del xviii y la "ciudad muerta" de finales del xix comparten una idéntica cualidad: ambos reenvían a una Italia imaginaria que se ha esfumado porque vive en el texto y cuyas fingidas transformaciones tienen lugar en la narrativa.

Luego está la Academia de España en Roma –incluso Roma misma a ratos– para contradecir lo anteriormente dicho: ser a un tiempo museo y nostalgia. ¿Se puede pedir más? La Academia de España en Roma, constituida como tal casi a finales del siglo xix, cuando el 7 de octubre de 1873 fue aprobado el reglamento, exigiendo al ministro de Estado que dictara las órdenes necesarias a fin de que se habilitara en Roma local para establecer la Academia de Bellas Artes, se inauguró en su actual ubicación el 23 de enero de 1881.

Esa Academia tiene al tiempo mucho de museo y de "ciudad muerta"; de historia y deseos, precariedad y lujo; sobriedad en el lujo; excepcionalidad y vida cotidiana. O, mejor aún, una vida cotidiana que se desarrolla en medio de la excepcionalidad de esa belleza antigua que de pronto, sin previo aviso, nos asalta museada y museo –o casi–. Establecida en un lugar asombroso –el complejo arquitectónico que incluye uno de los edificios más apasionantes del mundo, el templete de Bramante en San Pietro in Montorio–, incluye en sus instalaciones un fantástico claustro, un jardín bellísimo y unas terrazas desde las cuales Roma se divisa imponente y a la mano –para proseguir con las paradojas–. La Academia tiene, así, mucho de museo en cuanto historia y mucho de la "ciudad muerta" de los simbolistas, en cuanto nostalgia infinita de esa misma historia que fue –lo recuerdan además las fantasmagorías con las cuales se va cruzando el visitante por sus pasillos una noche cualquiera–.

La vida cotidiana de los residentes convive en su bullicio con los fantasmas, los que habitan discretos esas capas de tiempo que se van a acumulando entre el paso de los que estuvieron y ya no están y que van dejando una huella muy fina de aquel sendero, de aquel *tour* –¿quién se atrevería a desterrar el pasado si nuestro futuro lo habita?–. De modo que, si bien no es tan obvio en una primera mirada, la historia –el museo– se hace anhelo de lo que fue –ciudad muerta–. En esa franja del entremedias habita el milagro que cruza el claustro y la pequeña plaza; que recorre veloz los jardines y rebusca en los estudios; que se encarama en la terraza más alta de la torre, en busca del tiempo que fue –y del que no fue también–.

Son las búsquedas de La Ribot cuando se hace fuerte en ese lugar de lugares opuestos, esa Academia de España en Roma que, por mucho que se recorra, no se acaba de recorrer jamás: siempre queda un lugar por descubrir, una esquina a la cual sucumbir. Por este motivo se hace compleja la localización al plantear la obra de La Ribot, una obra que tiene mucho de totalidad y reto a la supuesta contradicción que habita la Academia: apropiarse de la contradicción entre museo y fractura, los opuestos que se entrelazan en el espacio y el tiempo, entre la precariedad y el lujo de la belleza del templete poblado de fantasmas cuando exige de cada turista convertirse en viajero. Y exige al *Grand Tour* convertirse en *tour*, solo un viaje abierto a las sorpresas, perderse entre los vericuetos, convertirse en fantasma, habitarse fantasma en un museo que, de golpe, se convierte en una tempestuosa ciudad muerta, nostalgias de los tiempos que se cruzan. También eso es habitar en precario.

LA RIBOT EN LA ACADEMIA

He tocado durante años con las pestañas y las retinas la llegada de La Ribot a la Academia de España en Roma. Siempre he pensado que estaban hechas la una para la otra cuando la imaginaba moviéndose por los espacios y vericuetos del edificio, aunque con La Ribot se queda uno siempre corto. La Ribot esperaba agazapada en el futuro, tal vez el de mi memoria, para hacerse tangible y habitar la Academia completa durante un rato; hasta que el sol perezoso se acabara de poner un día de verano, el más largo del año. El solsticio, breve e intenso. Pocos como La Ribot serían capaces de entender esa contradicción entre el exceso y la precariedad –me decía–. Al fin y al cabo, el trabajo de La Ribot tiene cada vez algo de exceso y al tiempo de huella apenas.

En ambos casos, en la Academia y en el trabajo de La Ribot, se pone de manifiesto la precariedad, entendida como un modo de negociar las ausencias y las presencias –de eso saben mucho las paredes de la institución–. Además, ambas, la Academia y La Ribot, van dando vueltas al transcurso, lo *"durational"*, como le gusta definir a La Ribot –el tiempo que pasa y que, en el caso de la Ribot, necesita de los bailarines para hacer visible ese transcurso–. ¿Dónde podría desarrollarse el principio del transcurso mejor que en un lugar construido por las capas de tiempo que, a su vez, van modelando el espacio?

La precariedad es, de hecho, una noción esencial en el trabajo de La Ribot, lo envuelve con una particular noción de la economía de medios. El uso del material básico de trabajo, el cuerpo, es lo precario por excelencia. Precario: "Lo que es poco estable, poco seguro o poco duradero". Para La Ribot "el cuerpo es un material precario, comparado con el hierro, la madera o el lienzo, porque además no permanece, envejece rápido hasta desaparecer completamente y morir". Esa noción de la "precariedad" le permitió, desde los primeros trabajos, no abusar jamás de un número elevado de colaboradores y hacer un trabajo independiente, dice ella, tanto a nivel económico (es siempre muy escrupulosa con los salarios de los colaboradores) como a nivel coreográfico.

Se trata de trabajar con lo que se tiene a mano –cosas a menudo encontradas– o con lo que se va adecuando, siempre de baja gama –cartones, telas, ropas–.

Incluso su primera relación con la comercialización de las piezas buscaba ser independiente económicamente, no vender las piezas de la forma habitual. Era una venta "inmaterial" de las "piezas distinguidas" a "propietarios distinguidos", que tenían algo de "mecenas" al ser quienes le ayudaban a financiar las obras. Adquiría una pieza que no se podía llevar a casa, ni atesorar; que se poseía únicamente a nivel simbólico, adquiriendo lo que no se puede adquirir de ninguna manera: la propia idea del transcurso.

Aunque la precariedad alcanza para La Ribot otros lugares simbólicos, fuera del cuerpo mismo, por ejemplo –reflexiona La Ribot– esa precariedad implícita en la propia danza, en cuanto un arte al cual se han dedicado mayoritariamente mujeres. Dice La Ribot: "la danza dentro de las artes es también de las más precarias, por efímera y por femenina. Aunque resistimos bien el envite: todavía hoy abres un libro y aparecen muchas creadoras (Pina Bausch, Yvonne Rainer, Trisha Brown, Isadora Duncan, Loie Fuller, Olga Mesa, Bronislava Nijinska, Mathilde Monnier, Maguy Marin, Meg Stuart, Lucinda Childs, Cuqui Jerez, Mónica Valenciano), sin contar las bailarinas, que son millones." O la precariedad implícita en las tareas femeninas que era el *leitmotiv* de *Huan Lan Hong* (2011), de la serie *PARAdistinguidas* (2011). Cada siete minutos un intérprete (figurante o bailarina) se metía en una cabaña y cosía –la máquina de coser no paraba durante los ochenta minutos que duraba todo el espectáculo–.

Junto con esas precariedades, relacionadas con lo inestable que permea la Academia bajo su aspecto de espacio de la historia –piedra del templete

prodigioso que sigue erguido al cabo
de los siglos, piedra sólida, museo–,
aparece en las obras de La Ribot otro
concepto, el reciclaje, que, pese a su
apariencia de solidez, forma parte de
la historia de la Academia también –el
convento se transforma en estancias–.
Es un poco como la noción de bricolaje
en Claude Lévi-Strauss: un tipo de
creatividad que aprovecha lo que hay a
mano para resolver las necesidades que
se van planteando. Es la reutilización de
los edificios, los objetos, las ropas, las
acciones, los colores, los materiales...
en un ejercicio de trabajo sobre los
diferentes tipos de memoria y otro
espacio que, al final, comparten la
Academia y La Ribot.

Memoria antigua en La Ribot de los
propios objetos; memoria de cierta
arqueología industrial, memoria colectiva
o individual... Piezas que vienen de otras
piezas, espacios que vienen de otros
espacios, de otros habitantes en el juego
implacable de reciclaje que se asocia sin
remedio a los espacios de la Academia.
A cada paso cada habitación de la
Academia es diferente, dependiendo
del habitante, en ese ritual de todos los
años desde hace siglos. A cada paso
cada pieza reiterada en La Ribot es otra,
cuando los bailarines se convierten en la
pieza misma. Cambian y las piezas son
distintas. Entes vivos la Academia y los
trabajos de La Ribot. Sí, estaban hechas
la una para la otra.

EL *TOUR* DE LA RIBOT
EN LA ACADEMIA, AL FIN

De modo que La Ribot llega y se
pasea por el claustro y el templete
y los jardines y las habitaciones y
los pasillos buscando el modo de
entrelazar sus historias en las historias

que allí habitan. Y se abandona a los
fantasmas y recorre los espacios con
ellos. Escucha los susurros que se
inmiscuyen indiscretos entre la noche
romana. No hay escapatoria. Se reflejan
en el muro desconchado y caminan
desinhibidos por los estudios del sótano
y la torre o los estudios sobre el jardín.
La Ribot piensa primero en luces que
iluminan y cartones en el suelo donde
los cuerpos se tiñan de colores –blanco,
azul y rojo, gris–. Luego, los cartones se
convierten en telas y el relato se colorea
más allá de los cuerpos que se van
pintando; es el territorio que La Ribot
controla como nadie. En él es imbatible.
Hablo de una fuerza casi violenta que
se apodera del mundo, como quien
cubre los cuerpos con una mortaja. Me
pregunto, pensando en piezas como
Another Distinguée –violencia, gesto
sadomasoquista, incluso sudario,
muerte como forma contundente de
precariedad–, si La Ribot no traía los
fantasmas puestos de casa hasta la
Academia. Al final llega la decisión: nada
de luces. Basta con el sol. Y al final del
atardecer, esas luces extrañas que se
mezclan y tienen algo de clandestino,
resplandores apagados entre los cuales
los fantasmas circulan a sus anchas. No
está mal como propuesta.

Pero empecemos por arriba, vayamos
desde la luz hacia la oscuridad, desde lo
alto a lo bajo. O más bien, recorramos
el camino del sol cuando se prepara
para vaciarse en la oscuridad de la
noche tiempo después. El cielo se tiñe
de un rosa luminoso en este atardecer
romano. Se toma su tiempo para cerrar
las persianas la tarde del solsticio. Es
junio. Tampoco esta vez ha dejado
La Ribot nada al azar. Ha calculado con
esa precisión suya, plagada de gestos a
punto de ser reiterados y maquinales, la
duración exacta de cada pieza y de cada

intercambio, en una especie de carrera contra el sol que se escapa; que debe escaparse. Aunque no. No es carrera, sino complicidad más bien. Cada una de las piezas representadas estará calculada para que todo termine en el mismo lugar: la danza en el templete, la noche que llega y nos convierte a todos en espectros –es pronto para desvelar el final–.

Vuelvo ahora con el pensamiento a aquel día de solsticio hasta la terraza prodigiosa y expuesta. La gente se reparte alrededor de la pareja en la primera de las cuatro piezas que juegan con la multiplicidad de lugares –terraza, jardín, claustro, patio el templete– y de los tiempos –van ocurriendo a la vez en los diferentes sitios, ejecutadas por diferentes bailarines–. *Pièce distinguée N°55 – Amore mio* (2021) es una pieza hablada, gritada, casi operística en su dramatización, que cuenta una especie de curiosa historia de amor que se quiebra. Me doy cuenta de lo inusual y poderosa que resulta: las piezas de La Ribot ocurren sobre todo en silencio o, el menos, sin declamaciones. Debe ser la contaminación romana –no sé si es posible evitar las dramatizaciones en la ciudad de Roma–. Los dos bailarines van vestidos de blanco y yacen sobre una tela blanca. Acaban envueltos en un sudario, blanco también. Es muerte y son estatuas de mármol. Es el amor hasta la eternidad –qué remedio–. Acaba la pieza en silencio, mientras el sol va cayendo detrás del Vaticano. Algunos de los asistentes no pueden renunciar a tomar alguna foto de la belleza del escenario en vilo, el que se ve desde la terraza. En este rato que ha durado *Pièce distinguée N°55 – Amore mio*, el sol debe haberse movido un poco más. El tour de La Ribot está siguiendo el trayecto de la tarde. Las estatuas permanecen envueltas en

su sudario de amor eterno –qué remedio–. El público baja despacio por la escalera en la aparte exterior de le torre, en vilo, como el paisaje fuera.

Llegamos al jardín. Allí ocurre la *Pièce distinguée N°45* (2016) que trae a la memoria *El almuerzo en la hierba* de Manet, una escena campestre entre amantes –buen presagio–. Pero están a punto de clausurar su historia. Ella, vestida de fiesta, se pinta de rojo –otra vez la alusión a la sangre de *Another Distinguée*–; él se pinta de azul –o así lo recuerdo–, y se hunde en un lago imaginario. Yacen juntos, de nuevo, para la eternidad. El sol, implacable, sigue su curso hacia una línea del horizonte imaginaria donde se hundirá. También el sol subraya su fragmento de precariedad a esas horas.

En el claustro, cuando la tarde está a punto de extinguirse inflexible, en la *Pièce distinguée N°56 – Vesubio* (2021) se repite la historia de amor entre los dos bailarines que va un paso más allá en la tragedia, en el juego de estatuas, imagen de Lee Miller en la película de Cocteau. Se pintan de gris mientras hacen el amor: se van cubriendo con las cenizas de la tragedia repentina. "Lo inevitable de un imperio calcinado", dice La Ribot. Otra manifestación de la precariedad, añadiría yo.

Y al fin, la muerte, a su modo lo precario máximo del cuerpo. En *Pièce distinguée N°57 – Poema redondo* (2021) la tarde se apaga y los fanstasmas se apoderan del lugar. El lugar no es otro sino el templete de piedra –buen sitio para cerrar el *tour*–. Primero salen dos bailarines vestidos de negro. Después, varios vestidos de blanco, las ropas mojadas. La piedra nos gobierna a cada uno y, alrededor del templete, no se oye ni la respiración de

los presentes, solo se escucha el ruido
de los pies arrastrándose en la piedra,
esos pasos maquinales que apasionan a
La Ribot. Son los espectros que llaman
a la noche y ahora, el recorar la sensación,
vuelven las impresiones de una película
en blanco y negro, radical y profunda;
film noir que da cobijo a los espectros,
igual que en *La dama de Shanghái*.
Quisiera poder describirlo. Describir lo
que vi, lo que viví el verlo, el echar aquel
silencio que me devolvía completa la
precariedad de mi cuerpo. No lo consigo.
Al final, era sobre todo el sonido de los
otros cuerpos en la piedra, al dejarse
caer, al moverse, la visibilización de una
belleza fantasmagórica por extinguida
que transformaba, definitivamente, el

"museo" en la "ciudad muerta". Justo
ahí, el templete exhibía descarado a su
vez una inesperada precariedad –la que
los fantasmas arrojan impertinentes
sobre la historia– y llegaba la noche,
definitiva, entre una mezcla de angustia
y predestinación. El *tour* de La Ribot
concluía en esa franja de luces y sombras
que trato de describir y no lo consigo.
*"Ognuno sta solo sul cuore della terra/
trafitto da un raggio di sole: ed è subito
sera"*, escribía Salvatore Quasimodo.
en su poema "Ed è subito sera", que se
convertiría en su epitafio.

Porque cada uno está solo en el corazón
de la tierra, traspasado por un rayo de
sol. Y de pronto la noche. *E fu subito sera.*

Una sola pregunta
José Luis Blondet

Un personaje (o dos o tres) entra a escena como quien llega de viaje, cruza miradas con el público, se acomoda en el espacio y, cuando esperamos que se desate la acción, asistimos justamente a lo contrario. Poco a poco –segundos, minutos, horas– se forma un nudo que no deja de tensarse hasta consolidar una imagen y producir un evento incontestable. La acción es simple y hasta es posible adivinar con alguna puntería las instrucciones que la artista imparte a los intérpretes, o se repite a sí misma antes de salir al escenario. Los intérpretes (¿son bailarines, actores, personajes?), el espacio escénico y la utilería varían, pero el impulso detrás de los trabajos de La Ribot es siempre hacia la concentración. Una flecha que viene desde el margen hasta convertirse en centro para desaparecer.

El lenguaje de sus obras, contaminado a partes desiguales de las precisiones de la danza y las tradiciones de la *performance*, no está hecho para la dispersión. Busca la espesura y, en muchas ocasiones, la quietud. La naturaleza híbrida de su proyecto exigía salir del teatro a otros espacios, donde sus piezas funcionaran como intervenciones, en contextos ajenos a la danza. El objetivo no consistía en salir del teatro para entrar al museo o la galería, sino en inaugurar estrategias para insertarse eficazmente en ambos

circuitos. Era necesario, entonces, entender los mecanismos de circulación, comercialización y catalogación de estas piezas. Y La Ribot tenía un plan.

En 1993, la artista agrupó varias *performances* bajo la categoría "Piezas distinguidas" y con ello anunció la estructura sobre la que levantaría parte importante de su obra. Las piezas eran vendidas, coleccionadas y mercadeadas al igual que una pintura, un objeto o una escultura. El posicionamiento de estas *performances* era ya un elemento de su juego conceptual y coreográfico, y a la par funcionaba como un salvoconducto para abrir las puertas de espacios que desconfiaban de la brevedad, el fragmento o la discontinuidad.

La Ribot piensa en sistemas, desvíos y atajos de un plan maestro. Sus piezas, sin embargo, no ostentan estructuras complejas. Su interés en categorías y clasificaciones está fuera de la obra. En el estudio, no en la escena:

Una Pieza distinguida, entre otras cosas, tiene una duración entre 30 segundos y 7 minutos; el cuerpo, el mío, es el único medio posible […], y estas piezas se venden a propietarios distinguidos […]. *Pa amb tomàquet* es la *Pièce distinguée Nº34*. Es una excepción respecto al concepto distinguido, pues no cumple casi ninguna de las reglas, sino solamente lo que no tiene explicación, la "distinción" de las otras. Excepción o precedente. Todavía no lo sé, ciertamente.[1]

Con conmovedora precisión y una lógica velada al espectador, la artista comenta las excepciones a la regla, como si a sus piezas las sostuviera poco más que un armazón.

Evidentemente, la invención de la categoría "distinguida" no trataba solo de armar un programa con varios números, sino de profundizar en el cuestionamiento de las modalidades de exposición de la danza. Y, para ello, la estrategia sería establecer la obra como archivo abierto, con una vida más larga que el primer ciclo de las distinguidas que cerró, con el siglo, en el 2000. De esta manera, creaba un archivo que no traicionaba la fragilidad de la *performance*, que protege su plenitud de la foto o el vídeo que pretenden documentarla (y hasta, podríamos decir, objetificarla). No es casualidad que el título escogido, Piezas distinguidas, suene un poco a eslogan de grandes almacenes. Las exploraciones del cuerpo como objeto y mercancía que La Ribot llevaba a cabo –recordemos la imagen ya icónica de su cuerpo desnudo, atado y etiquetado como una maleta,[2] o entablillado con partes de una silla[3]– quedan potenciadas con esta alusión a la lengua del mercadeo, a la exclusividad del mundo del arte y a la singularidad de un ejecutante. Cada juego de palabras es un ajuste de cuentas con el proyecto de obra, y por eso la insistencia en renombrar su propio linaje y mitología: *Más Distinguidas*, *Still Distinguished*, *Pièce distinguée*, *PARADistinguida*s (2011), *Another Distinguée* y otras distinciones por venir.

Al momento de escribir este texto, su trabajo más reciente es *DIEstinguished* (2022). ¿Es una exageración considerar cada obra nueva de La Ribot un ejercicio de distancia y oposición a esa estructura fundacional?

La artista ha creado una estructura para habitarla, pero no sin oponerle resistencia. No puedo decir *habitar la estructura* sin recordar a la artista venezolana Antonieta Sosa, quien, como La Ribot, trabaja en el ámbito de la danza, la instalación y la *performance* –que ella prefiere llamar "situaciones"–. Para una situación en la Galería de Arte Nacional, Sosa instaló un monitor con el vídeo de un perezoso en un árbol y un imponente andamio de tres metros cúbicos pintado de negro. La acción consistía en abordar la plataforma metálica muy lentamente, trepar y descolgarse de sus peldaños, o enroscarse alrededor de la cuadrícula.[4] En la escena artística local, dominada por el éxito internacional de la abstracción geométrica y el cinetismo, este abordaje continúa siendo iluminador. Sosa ofrece un modelo de un cuerpo conviviendo con una estructura y resistiéndose morosamente a sus esquinas.

Echar a andar una estructura, treparse en ella, es también mirarla y moverse desde su interior. La videoinstalación *Despliegue* (2001) y la serie fotográfica *Otra Narcisa* (2003), ambas obras creadas con restos del archivo de La Ribot, marcan un cambio significativo en su obra. *Despliegue* está compuesta por una gran proyección sobre el suelo y un pequeño monitor colocado en una pared cercana. La proyección, un gran plano secuencia, muestra a la artista, cámara en mano, desplazarse entre un pequeño caos de zapatos, telas doradas, un vestido verde, otro carmesí, sillas plegables, pequeños dispositivos de vídeo reproduciendo *Pa amb tomàquet*, libros, más zapatos, más sombreros, pelucas y más objetos. A ratos parece que la artista está atrapada bajo un vidrio, a ratos la colorida escena de una gran pintura que reposa en el suelo. *Despliegue* es el inventario de utilería y vestuario de las treinta y cuatro Piezas distinguidas producidas entre 1993 y 2000, que incluye también fragmentos de gestos, poses y actitudes que formaron parte de las piezas, y que ahora la artista ensaya con la gravedad de la última o la primera vez. Casi al centro del caos, un espejo circular refleja el techo del estudio, incorporándolo a esta obra nueva, a este archivo espectral y *distinguido*. El vídeo que la artista filma mientras es filmada es transmitido en el monitor colocado en la pared adyacente. El juego de espejos, escalas y puntos de vista anuncia un método de trabajo al que La Ribot volverá con frecuencia.

Otra Narcisa surge también del rastreo del archivo, pero esta vez se enfoca exclusivamente en una serie de fotos tomadas durante los años que presentó *Narcisa, Pièce distinguée N°16*. La Ribot, desnuda frente al público, disparaba una *polaroid* sobre su pecho izquierdo, otra sobre el derecho y una tercera sobre su pubis. De inmediato las colocaba sobre las respectivas zonas hasta que ocurría la revelación y el público asistía al breve milagro de ver la transfiguración del cuerpo en imagen, la *performance* convertida en documento. *Otra Narcisa* reúne estas fotos y las organiza cronológicamente en una impasible retícula como obra autónoma. Algunas pocas fotos están retocadas humorísticamente con rotulador, como quien dibuja sobre un retrato del

periódico, y lo señalo para evidenciar la falta de nostalgia y solemnidad en el trato de la artista con el documento.

El uso estratégico del humor, y la distancia con el propio cuerpo, acerca a La Ribot a otras narcisas pioneras de la *performance*, como Adrian Piper o Eleanor Antin. Piper se fotografió desnuda cada mañana del verano de 1971 en que leyó obstinadamente a Emmanuel Kant mientras musitaba pasajes de la *Crítica a la razón pura*.[5] Para su célebre *Talla: Una escultura tradicional* (1972), Antin se fotografió desnuda desde cuatro ángulos –de frente, de espaldas y por ambos costados– durante dos meses en los que se mantuvo a régimen para adelgazar y convertirse ella misma en escultura.[6] En 1971, el proyecto había sido rechazado para una exposición de pintura y escultura en el Whitney Museum de Nueva York. Antin, por supuesto, ironizaba en torno a la mujer como musa y el canon de la belleza femenina, y al disponer las fotos en blanco y negro en una retícula, apuntaba también a la persistencia de estos prejuicios en el naciente arte conceptual, donde todo parecía ser masculino, blanco y cuadriculado.[7]

Pero hay más detrás de esta referencia, nada literal, al mito de Narciso. Es a partir de la revisión del propio archivo y de su reflejo engañoso cuando la obra de La Ribot se abre exponencialmente a la imagen del otro y a la esfera de lo público. Este drástico giro resulta evidente en las piezas inmediatamente posteriores a *Otra Narcisa*, *40 Espontáneos* (2004) y *Laughing Hole* (2006), en las cuales, por ejemplo, aumenta el número de colaboradores –hasta cuarenta intrépidos voluntarios, sin formación profesional– o hace referencia explícita a acontecimientos mundiales, como las torturas en Guantánamo y la invasión de Irak.

Tuve la oportunidad de mostrar *Laughing Hole* en el Museo de Arte del Condado de Los Ángeles (LACMA, por sus siglas en inglés) en el 2013. En las conversaciones preparatorias discutíamos con La Ribot y su equipo cuál sería el espacio más idóneo para la instalación y la *performance* en las instalaciones del museo. El teatro era muy pequeño y la sala de exposiciones muy grande. La pieza no se adecuaba ni a un espacio ni al otro. Conscientes del lugar tan escurridizo de la *performance* en la institución nos preguntábamos, con más gracia que disgusto, dónde y cómo se expone un cuerpo vivo, y no una momia, en un museo. La pregunta no es nueva ahora, ni lo era entonces, pero la complejidad del problema y las respuestas parciales de las instituciones que desprecian la hibridez la mantienen vigente.

La primera versión de *Laughing Hole*, en el 2006, se presentó en un no-lugar por excelencia: la arquitectura mudable de una feria de arte. Desde entonces la pieza se ha transformado (entre otras cosas, ya no es un solo sino un trío) y ha girado por teatros, museos, galerías, festivales de danza y arte, ajustándose sin mayores dificultades a públicos, espacios y expectativas. Por eso me sorprendió el momento de duda y el paso atrás que dio La Ribot apenas entró a la sala de mil metros cuadrados del LACMA que habíamos acordado previamente. "Necesitamos una imagen para trabajar en un espacio tan grande", dijo. "La plaza de Tiannamen", dijo al volver a la sala al día siguiente. Se refería a la célebre fotografía tomada días antes de la masacre de junio de 1989, en la que un manifestante anónimo y desarmado se planta delante de una fila de tanques acorazados. No hubo mención directa a la foto durante la *performance*.

Las tres intérpretes de *Laughing Hole*, en chanclas y vestidas de limpiadoras, cada una de un color, recogen del suelo cartones con frases políticas (o vagamente políticas), personales (o vagamente personales), para fijarlos con cinta adhesiva a las paredes. Ya el vestuario es un comentario sobre trabajo y clase social. Las tres mujeres, cartel en mano, improvisan el trayecto del suelo a la pared: caminan, se arrastran, hacen piruetas, se juntan, se separan, se abren de piernas, se tumban en el suelo, pero nunca paran de reír. La banda sonora es producida en vivo por un músico, que mezcla y amplifica las risas en el espacio. Los mensajes escritos, crípticos y ominosos, parecen contar una fábula distópica, pero las intérpretes no responden a su contenido. No hay distinción en sus acciones frente a frases tan dispares como "Recuérdame" o "Terror en Guantánamo". Ninguna lee en voz alta el mensaje de los carteles, aunque se aseguran de que el público sí los lea. La risa y la confusión son persistentes. Los espectadores entran y salen, o se instalan en una esquina a ver hasta dónde pueden llegar estas mujeres. Al final de las seis horas, los mensajes cubren las paredes, el suelo está limpio y las mujeres, extenuadas, se reponen en silencio.

La obra de La Ribot genera un clima, no un argumento. No es declarativa ni enfática; persigue un tono, y no una discusión. Sabe ocupar un lugar sin afirmar ni negar nada:

Mi intención es de lo menos provocadora. Es decir, igual que intento aproximar un tiempo y un espacio de utilización para todos y trabajo para que esta idea se entienda y se experimente durante mi actuación, intento también no imponer nada con rotundidad.[8]

Un tópico en el género de la *performance* es la exploración de los límites del cuerpo a partir del agotamiento o de inflados desafíos psicólogicos. La Ribot emplea la risa como actividad física para desestabilizar esos confines, sin explotar la espectacularidad del heroísmo y el cansancio. Ante el dilema inicial planteado por la programación de *Laughing Hole* en el LACMA (¿teatro o sala de exposiciones?) ya no quedaron dudas. La escala de la sala de museo exigía un trabajo físico mayor, pero a cambio producía una imagen y una experiencia difíciles de ignorar: la del museo enmarcando un agujero.

Muchas de las instalaciones y *performances* que vinieron después de *Laughing Hole* profundizaron la apertura hacia el otro y el afuera que se asomó con esta pieza. Las instalaciones con sillas plegables de La Ribot –*Walk the Chair* (2010) o *Walk the Bastards* (2017)– insinúan coreografias para que el público las interprete, a partir de la tarea simplísima e inusual de leer un texto escrito sobre una silla. Hay que inclinarse, agacharse, caminar, repetir y reorganizar las maniobras y las palabras para encontrar el lugar en la escena. No hay lugares asignados para el público. Considerando la historia de la silla como motivo recurrente en piezas de La Ribot (*Pièce distinguée N°29*, *Pièce distinguée N°31*), así como de artistas de referencia como Merce Cunningham (*Antic Meet*, 1958) o Yvonne Rainer (*Chair Pillow*,

1969), extender una silla al espectador es un pase de testigo, una invitación a formar parte de la estirpe de quienes jugaron con ellas.

Hay momentos del trabajo de la artista que sugieren que el trazo que separa dos cuerpos es una línea frágil, casi imaginaria. En *Pièce distinguée N°45* (2016)[9] un hombre y una mujer deambulan entre el público antes de echarse sobre un terciopelo de azul muy índigo. Con una brocha, la mujer cubre completamente al hombre antes de pintarse, ella misma, de rojo. El color uniforma sus cuerpos, que permanecen entrelazados e inmóviles hasta el final de la *performance*. Variaciones de este juego de diferenciación y amalgamiento aparecen también en *LaBOLA* (2022) –en la que tres intérpretes, trenzados en un solo cuerpo, se mueven por el espacio ejecutando varias acciones– y, hasta cierto punto, en el vídeo *FILM NOIR* (2014-2017).

Quizá sea *FILM NOIR* la formulación más literal, conmovedora y divertida de la pregunta por el lugar del otro en toda la obra de La Ribot. El vídeo es una drástica edición de *Espartaco*, de Stanley Kubrick, y de *El Cid*, de Anthony Mann, con el fin de enfocarse exclusivamente en los figurantes. La Ribot proyecta las películas originales en su estudio y, cámara en mano, sigue detalladamente a un figurante para analizar en voz alta sus movimientos y motivaciones interpretativas. No se propone alterar la narrativa principal ni reivindicar a pequeños *pequeños* contando la historia del Cid desde otro ángulo. El punto de vista que le interesa es el de los actores sin nombre ni parlamento en la historia romana o española. *FILM NOIR* descubre fragmentos, rincones apenas advertidos donde brillan los actores de segunda, anónimos menos que *anónimos*, casi siempre contratados para hacer de pueblo, ejército, masa.

En algunas tomas, con la perspectiva forzada para favorecer al figurante, La Ribot limita la imagen del extra a una sección de la pantalla, o bloquea el resto del cuadro de la cinta original para apreciar mejor sus expresiones, decisiones artísticas y despistes. Las paredes del estudio de la artista donde se proyectan las películas originales se cuelan, eventualmente, en *FILM NOIR*. En ocasiones, una intervención gráfica con bandas verticales de color bloquea a los protagonistas para resaltar al extra cuyos trabajos menores ahora dictan cada movimiento que La Ribot, cámara en mano, debe seguir.

No falta humor ni delicadeza en esta coreografía invisible que sucede en el estudio: ¿dónde comienza el cuerpo del otro? Tal vez María Ribot pertenece a ese linaje de artistas que construye su obra en torno a una sola pregunta.

1. *La Ribot* (2002), cat. exp., Madrid, Galería Soledad Lorenzo, p. 16.
2. *Pièce distinguée N°28, Outsized Baggage*. Propietario distinguido: Mathieu Doze, París.
3. *Pièce distinguée N°29, Chair 2000*. Propietario distinguido: ARSENIC, Lausana.
4. *Pereza* es la segunda parte del proyecto *Del cuerpo al vacío*. *Una situación de Antonieta Sosa*, presentado por primera vez en Caracas, el 15 de septiembre de 1985, en la Galería de Arte Nacional.
5. Adrian Piper realizó *Food for the Spirit* [Comida para el espíritu] en el verano de 1971, en el estado de Nueva York.

6. *CARVING: A Traditional Sculpture* [Talla: Una escultura tradicional], de Eleanor Antin, fue realizada en el verano de 1972, en California. En 2017, la artista recreó el proyecto y produjo la obra *CARVING: 45 Years Later* [Talla: 45 años más tarde].
7. Las referencias a los "chicos del arte conceptual" y al rechazo del Whitney Museum al proyecto de Antin aparecen en BUTLER, Alice (2019): "Eleanor Antin on Art, Ageing and Grieving", *Frieze*. Disponible en https://www.frieze.com/article/eleanor-antin-art-ageing-and-grief [consultado el 23/03/2023].

8. *La Ribot* (2002), cat. exp., Madrid, Galería Soledad Lorenzo, p. 16.
9. Asistí a la presentación de esta Pieza distinguida, interpretada por La Ribot y Juan Lorente en la Sala Alcalá 31 de Madrid, el día que comenzó la invasión rusa de Ucrania (24 de febrero de 2022). Esa noche, La Ribot escogió vestir una cinta azul y amarilla sobre su pie izquierdo, para señalar desde su pieza la inminencia de la guerra.

Conversación entre La Ribot
y Estrella de Diego

El pasado verano, La Ribot llegó a la Academia de España en Roma y modificó para siempre las arquitecturas asombrosas que constituyen el conjunto arquitectónico –desde la terraza y su vista prodigiosas hasta el templete de San Pietro in Montorio–. Todo se llenó de esos cuerpos y miradas que constituyen el trabajo de la artista y luego, cuando cayó la noche, se hizo el silencio. A la mañana siguiente, cuando llegó de nuevo la luz, la Academia resultó estar impregnada de aquello que había ocurrido, difícil de nombrar, pero que los asistentes presentimos como un acontecimiento.

ESTRELLA DE DIEGO (EDD)
Igual puedes empezar contando un poco la idea de esta pieza que, al final, tomó la Academia entera. Sobre todo, te diría que, si tus piezas son siempre muy *site specific*, en este caso es un trabajo pensado para la Academia y que, en realidad, tal y como está concebida, solo puede ocurrir allí. Además, pasaste tiempo trabajando en Roma meses antes y días antes haciendo tuyo el lugar. Era una Roma de lujo, además, porque estaba vacía. Tenía algo espectral, desmaterializado, como al final de tu pieza. No sé, igual podemos empezar la conversación por el proyecto mismo, por los preparativos para el proyecto… Siempre me fascina el modo en el cual se van armando las ideas en tus piezas y más en un "ensamblaje" tan complejo como este…

LA RIBOT (LR)
Me gustaría poder empezar por el principio, por el placer de encontrarlo, pero el principio, si lo hay, está en el fondo de algo, de un corazón que palpita al lado de otro, de una historia de nuestro mundo, del dolor y del placer de la existencia…

Siete meses antes, escribía sobre el tejer del tiempo en el proyecto. "La propuesta expositiva es intervenir el propio edificio de la Academia de España durante varios días con toda mi compañía. Desde el amanecer hasta la puesta de sol, a pleno sol radiante o bajo la lluvia, por los pasillos, en la biblioteca, invadiendo los jardines y llenando las terrazas, los estudios y las cocinas. Me imagino diversas Piezas distinguidas existentes, versionadas, contextualizadas y adaptadas al edificio y al momento en que se actúa". Esto era en diciembre de 2020.

Muchas veces es un libro el que me sirve de inspiración. *Historia cultural del dolor* de Javier Moscoso lo fue para *Another distinguée* en 2016, una serie de ocho Piezas distinguidas hechas para teatro donde se incluyen las que versioné para este proyecto.

Esta vez cambié el libro por invitar a Jaime Conde, artista y exbecario, historiador del arte y profundo

"

enamorado de Roma y de la Academia. Pasamos diez días juntos en marzo de 2021, en plena pandemia. Jaime me contaba historias de Roma mientras visitamos todas las iglesias abiertas y vacías, todos los conventos y las sacristías. Hasta el Vaticano grandioso nos estaba esperando solo para nosotros. Roma se dejaba ver, nadie nos miraba. La Historia y su belleza hablaban, los puentes se atravesaban, los claustros se abrían, Carracci, Borromini, una beata aquí, un santo allá, San Luis de los Franceses, Caravaggio, el puente de Miguel Ángel, Mateo contando las monedas, la madre mirando al hijo y aquí un elefante y allí un obelisco, el Panteón. Y los becarios estaban todos en danza en la Academia, de noche y de día; todo se movía, mientras Ángeles nos seguía con un ojo y Miguel con el otro.

Entonces una idea fue partir de la *Piéce distinguée N°45*, en donde una mujer pinta a un hombre de rojo, sobre una tela de terciopelo azul, los colores de los ángeles de la Virgen y el Niño de Jean Fouquet, pintado hacia 1452. Y otra idea fue declinar el blanco marmóreo e irreal de la Virgen en una nueva pareja que se pintara de blanco en los cielos de Roma (en el torreón de la Academia), emulando los miles de cuerpos en mármol que se ven por toda la ciudad.

Otra idea fue hacer versiones de *Desasosiego*, otra Pieza distinguida de 2016, en donde una frase bailada se repite hasta gastarse y desaparecer. Luego pensé en que todos fuéramos en parejas, hombre-mujer, bien tradicional, como mandan los cánones, la historia y la Roma que veía.

Luego pensé en la erupción del Vesubio y en su ola de muerte a seiscientos grados centígrados que en milésimas de segundo fulminó una ciudad entera del Imperio romano, en plena vida cotidiana. Me imaginé una pareja de gris ceniza, pintándose y entrecortándose a brochazos.

Y luego, habiéndole dado muchas vueltas, llegó Bramante, el artista, el corazón de la Academia, el que había que tocar y bordear con sumo cuidado. Así finalmente lo hicimos, le dimos vueltas y vueltas en un iniciático proceso bailado que nos llevó hasta la oscuridad.

En el solsticio de verano, los días 19, 20 y 21 de junio, nos alineamos con los planetas y con las estrellas. Durante las últimas semanas y con todo mi equipo en la Academia, fuimos siguiendo la luz del sol, sus brillos y sus sombras. La ciudad respiraba y colocábamos el blanco al lado del cielo con su gaviota. Cuando salían las lilas en el jardín, sonaban las campanas y la hierba podía colorearse de rojo. En el claustro y sobre la gravilla se retorcerían la pareja gris y al templete fuimos pasando uno a uno, poco a poco, concordando el tema con el lugar, el color con el agua, el sonido de nuestras ropas, recordando temas y huellas, llegó la noche y, con ella, la preciosa obscuridad.

EDD
Me conmueve la manera en la que cuentas la génesis del proyecto –de tus proyectos–, cómo te asaltan las ideas, cómo negocias con el tiempo y el espacio, esenciales en tus propuestas. No sé, igual podrías contar un poco más –dos pinceladas– de esas Piezas distinguidas que te han acompañado desde el inicio de tu carrera y que para mí tienen algo de eje, de orden, de serie, casi de archivo, que gobierna tu trabajo. Y de memoria que lo sobrevuela todo. Desde luego esa visita romana de Jaime –tan buen conocedor de Roma y de La Ribot; de hecho, mi introductor a tu trabajo hace ya tantísimos años–

fue esencial también en una Roma
vaciada, en la cual se encontraban esos
espectros que invaden la Academia,
los del transcurso, los que tú invocas y
materializas en la despedida de la pieza
–¿o debería hablar de desaparición y
borradura?–, justo la que se construye
alrededor de Bramante cuando cae la
noche y la danza de los espectros se va
hundiendo en la oscuridad. Porque me
parece esencial recordar cómo en la
Academia todo ocurre con iluminación
natural, de modo que una vez más,
una pieza más, tu trabajo exigía una
precisión implacable, diría. En tus
piezas nada se deja a la improvisación,
ni al azar –me parece–, aunque, luego,
la mera presencia de los espectadores,
tan poderosa en el desarrollo de los
trabajos –y que está presente desde
las primeras Piezas distinguidas en
su ser presente mientras ocurren–,
pueda construir esa vida prolongada
y traducida de tus piezas.

Es extraño: cuando estoy en medio
de una de tus piezas –y la sensación
se ha subrayado en Roma– tengo
la impresión de que soy necesaria
y a la vez no lo soy en absoluto. Es
una paradoja bellísima: formar parte
del acontecimiento y saber que el
acontecimiento ocurriría sin ti. ¿O no?
¿Cuál es la relación de los espectadores
en tus piezas y con tus piezas? ¿Cómo
ha ido incluso evolucionando desde
aquellas primeras Piezas distinguidas?
La verdad es que la puesta en escena
en la Academia, la propia simultaneidad
exacerbada: varias piezas que van
tomando el edificio entero –imposible
huir, encontrar un escondite seguro–,
ha dado para mí una dimensión
nueva a tu trabajo. La propuesta de
la Academia de España en Roma y
su *tempo* en el espacio, la manera en
la que has negociado con la luz, era
impresionante.

Teníamos que seguir el sol como
lo habían hecho los romanos, sin
electricidad y con ingenio. La historia
de Adriano el sevillano saliendo del
Panteón, que yo imaginé con toga
blanca y dorada, exponiéndose al
pueblo admirativo, iluminado por el sol,
inspiró la fluidez entre jardín, torreón y
claustros; la luz, el atardecer y el reposo
de Bramante o la muerte de Pedro. El
templete se construye alrededor de un
hueco, que nos recuerda el agujero que
hizo una cruz, en la que se sacrificó a
san Pedro, boca abajo. Esta historia
a mí me impresiona mucho.

Lo efímero y lo inevitable está unido
a mí como el sol que se mete y sale
cada día. La danza se borra. La acción
desaparece. El teatro es memorable.
Todo esto lo he redescubierto en Roma.
Seguir el sol acentuó lo irremediable. Y
tiene que ver con lo que dices respecto
a los espectadores. Son fundamentales
para que lo que está escrito que ocurra,
la danza, ocurra como ocurre. Sin los
espectadores ocurriría de otra manera,
y esa otra manera es, lo sabemos, la
diferencia entre hoy y mañana y nunca
más y siempre. Es implacable el paso
del tiempo e inenarrable el sentimiento
que produce. Puede que la oscuridad
sea lo único que nos obliga a mirar al
firmamento para comprender la muerte
y quizá el tiempo.

Durante la gestación también recordé
esa película de Marcel Broodthaers,
La Pluie, donde se pone a escribir un
poema bajo la lluvia, lluvia que diluye la
tinta con la que escribe. Pensaba mucho
en ese borrar constante… Y por esto leí
un texto tuyo sobre Broodthaers, en el
que dices: "acabamos por encontrarnos
todos, siempre, en ese trozo pequeño,
atestado, que es la muerte".

¡¡Ese hueco de la cruz de Pedro!!,
que a mí me daba miedo y que era

nuestro lugar de encuentro, el lugar
de la muerte. Y prosigues: "la muerte,
ese lugar de sombras, misterioso y
oscuro, reducido y mágico, lleno de
rememoraciones, casi de novela
de Allan Poe".

EDD
Qué increíble es esa película de
Broodthaers, lo que se escribe solo para
borrarse. Yo también adoro esa película
y pienso en ella a menudo mientras
escribo.

Pero volvamos un momento a esas
Piezas distinguidas. No sé si estás de
acuerdo con mi idea de verlas como
una especie de archivo.

LR
Las Piezas distinguidas se pueden ver
como un archivo, o un catálogo de
mi vida esparcido en el universo, con
un aire desordenado... Es divertido
explicarlo así porque no lo hago con
pretensión, ¡sino con impotencia!
La impotencia de lo efímero y de la
borradura y la impotencia de no saber
en qué tiempo verbal hablar. No sé si
utilizar el pasado, el presente continuo
o el futuro. Tendría que inventar un
tiempo verbal que reuniera los tres a la
vez. Es un proyecto de mi pasado, de mi
presente y de mi futuro.

Las Piezas distinguidas se
proyectaron desde el inicio en el tiempo.
Empecé en 1993 con la idea de hacer
cien. El numero respondió a algo
que pudiera tomarme muchos años
hacerlo. Llevo treinta años y voy por la
número 57. Pueden entenderse como
un discurso fragmentado en una unidad
de tiempo, que se despliega, una a una
o en serie, durante el transcurso de
mi vida. A veces tengo la sensación
de que ya están escritas y que solo es
cuestión de ir desvelándolas. A veces
pienso que tengo que continuar con

la 57a, 57b, 57c, por ejemplo, y así
avanzar muy lentamente o fragmentar
lo fragmentado.

Las Piezas distinguidas van
numeradas, tituladas y organizadas
por lo que llamo series, que son
espectáculos. Todo esto me permite
reflexionar sobre la danza y las artes
vivas.

Hoy estamos hablando de la última
serie realizada, *Distinguished Anyways*,
una serie única, pues está hecha para la
Academia, su historia, sus lugares
y con la hermosa Roma de fondo.
Esta serie está compuesta por tres
piezas: *Pièce distinguée N°55 – Amore
mio*, *Pièce distinguée N°56 – Vesubio*
y *Pièce distinguée N°57 – Poema
redondo*, que es la de Bramante.
Todas duran unos treinta minutos,
y todas son versiones de la *Pièce
distinguée N°45*, la de la pintura roja,
por eso empezábamos por ella, como
introducción.

La acumulación, la multiplicación,
la yuxtaposición de estas piezas, cómo
se organizan o se desordenan, a qué
cuestiones responden o qué cuestiones
plantean, qué incluyen, qué desatan,
qué producen y cuál es el discurso que
se mantiene a lo largo de los años...
Cuando empecé, eran piezas cortas y
respondían a ideas sin desarrollo. Una
idea, una Pieza distinguida. Eran solos
míos y había muy pocas cosas. Mucho
silencio, algún que otro objeto. En 1993
una Pieza distinguida duraba entre uno
y siete minutos, y consideraba que eso
era breve. Luego empezaron a durar
diez o doce minutos, y consideré que
seguían siendo breves. En *Distinguished
Anyways* cada una dura más de treinta
minutos, y sigo considerando que estoy
trabajando la noción de brevedad.

Treinta años de Piezas distinguidas
ahora componen una estructura
más rizomática que lineal, pues se

entrelazan con otros trabajos míos e incluso otras prácticas, utilización de vídeo, de planos secuencias, de extras o de figurantes. Empieza a ser un proyecto inmenso y complejo.

EDD
Acumulación, multiplicación, yuxtaposición, dices, y, sin embargo, hay mucho de borradura y de despojamiento en tus propuestas. La precariedad es, de hecho, me parece, una noción esencial en tu trabajo en general. Se envuelve todo con una particular noción de la economía de medios, por un lado, y el uso del material precario por excelencia: el cuerpo mismo. Te lo he leído a ti: "el cuerpo es un material precario, comparado con el hierro, la madera o el lienzo, porque además no permanece, envejece rápido hasta desaparecer completamente y morir". Esa noción de la "precariedad" te ha permitido, desde los primeros trabajos, no abusar jamás de un número elevado de colaboradores y hacer un trabajo independiente, repites, tanto a nivel económico (eres siempre muy escrupulosa con los salarios de los colaboradores y en este mundo es importante recalcarlo) como a nivel coreográfico.

Tal vez podríamos hablar un momento de esa fascinante precariedad en tu trabajo y de esos colaboradores tuyos, que hablan también de unos cuerpos que no solo son precarios, sino diversos.

LR
La idea de la precariedad está por todas partes en mi trabajo. Al principio fue una necesidad, conceptual y económica; luego se convirtió en una reflexión estética y como tal se hizo intrínseca; danza-cuerpo efímero, desaparición y muerte. Pero, además, creo que

lo puedo explicar como una práctica de contención, que tiene que ver con la creatividad y la inmediatez. Y con Calvino. Un librito muy inspirador, que podría decir que en su momento marcó las primeras series de las Piezas distinguidas y todos mis años noventa, fueron las seis lecciones de Italo Calvino para cambiar de milenio. Levedad, Rapidez, Exactitud, Visibilidad, Multiplicidad, y el Arte de empezar y el Arte de acabar. ¡Preciosidad total! Calvino murió antes de dar las lecciones en Harvard y su hija rescató los manuscritos.

Lo precario en mi trabajo me ha permitido cambiar el milenio inspirándome en las lecciones de Calvino. Además de atreverme a interpretar hoy Visibilidad y Multiplicidad como diversidad y las otras lecciones. Al principio de los noventa trabajaba sola en escena y, cuando las otras personas y artistas se fueron incorporando, lo hicieron con sus edades, sus colores y sus capacidades diferentes y han poblado mi mundo con un sinfín de riquezas.

Con el Arte de empezar y el Arte de acabar, menos claro para mí en su momento, intenté algo en *Another distinguée*, en 2016. Lo cíclico del dolor y el placer, de la repetición que se borra y se desgasta, claramente en *Desasosiego*, que es la base de *Pièce distinguée N°57 – Poema redondo*, la de Bramante. El transcurso de la vida, el día y la noche, el sol brillando y el sol metiéndose, la oscuridad. Todas las ideas de *Distinguished Anyways* en Roma, y que nos tienen aquí entretenidas. Todas pegándose a nuestra inmensa precariedad física.

EDD
Sobre esa precariedad física giraba en efecto el proyecto de la Academia,

tanto que, en la parte final, la del
templete cuando la tarde se vacía en
la noche, el cuerpo, según lo recuerdo
mientras estamos aquí hablando,
se desmaterializó y se hizo sobre
todo sonidos de pasos de danza que
retumbaban en el espacio pétreo del
templete de Bramante. No puedo
explicar aquella emoción intensa.
Luego, la noche. Pero deja que te ponga
en un aprieto, deja que te pida que, en
dos palabras, resumas cada una de las
cuatro piezas –los cuatro colores– que
conformaban la pieza total de Roma.

LR

No es una cuestión nada sencilla, pero
voy a intentarlo. La *Pièce distinguée
N°45* se despliega en los lugares de
representación como quien extiende un
paño sobre la hierba para hacer el amor
o tomar un almuerzo improvisado.
Envuelta en silencio, una singular
pareja vestida de gala se acomoda
sobre una tela de terciopelo color
azul. Ella le pinta entero de rojo a él
y él se hunde en el azul de un lago
fantasioso. Ella se pinta de rojo entera
y, entrelazándose a él de piernas y
brazos, quedan los dos yaciendo juntos
hasta la eternidad. Esta pieza juega
con la ritualidad de las artes escénicas
y la potencia pictórica. También es
una indagación en el sutil juego de
las identidades borradas y los amores
acabados.

Por su parte, la *Pièce distinguée
N°55 – Amore mio* se despliega en el
torreón oeste de la Academia, cuando
el sol está cayendo tras el Vaticano
y el cielo está tiñéndose de rosa. Una
extraña pareja, Piera Bellato y Juan
Loriente, vestida de blanco y sobre una
tela también blanca, se presenta en el
horizonte. Sucesivamente, el hombre la
pinta a ella de blanco, sobre blanco. Al

final, la pareja se envolverá en el suelo
con la tela como si fuera una tumba
de mármol, para yacer juntos hasta la
eternidad. La pieza también evoca el
mármol modelándose en los cuerpos,
mientras *Pièce distinguée N°56 –
Vesubio* indaga en la vulnerabilidad de
una pareja y lo inevitable de un imperio
calcinado.

Una joven pareja, Mathilde Invernon
y Martín Gil, vestida con colores
fuertes, entra en el claustro de la
Academia de España en Roma una vez
que el sol se ha puesto. La luz es tenue
y matizada. No hay sombras. Se oyen
ruidos y voces lejanas. Ella le pinta de
gris ceniza a grandes trazos. Él la pinta
a ella a brochazos. Entrecortándose
y amándose, todo se detiene en un
momento dado. Carbonizados, quedan
parados y juntos hasta la eternidad.

En *Pièce distinguée N°57 – Poema
redondo* una pareja vestida de negro,
Thami Manekehla y yo misma, danza
en el patio del templete de Bramante.
Continúa el movimiento circular del
sol, que se ha escondido tras los muros
del patio. La oscuridad se impone
poco a poco. Entra una pareja de
blanco y luego otra y otra más tarde.
Todas llevan las ropas mojadas y todas
continúan danzando. Los ruidos de la
noche, los espectadores agolpados y
moviéndose por el templete, helado,
cerrado. Danzando y danzando, dando
vueltas y vueltas, continúan todos hasta
la oscuridad. Se busca la armonía y el
equilibrio del desgaste y la repetición y
del implacable movimiento del sol y de
sus sombras.

EDD

En efecto, no es fácil explicar lo
que allí ocurrió con palabras. Yo al
menos no lo consigo. Por eso es tan
importante el trabajo que hizo Lutz en
sus fotos, el modo en el cual habéis

contado esta historia visual, en la que lo más importante fue la obstinación de seguir al sol.

LR
Hay proyectos que son más felices que otros, están mejor equipados o son mejor entendidos. *Distinguished Anyways* para la Academia de España en Roma ha sido uno de los felices. La invitación de Christian Lutz fue providencial. Nos propuso venir como un artista más y seguirnos durante los diez días previos al solsticio de verano. Él quería participar más que documentar. Y así lo hizo. Como tú nos pediste para este catálogo, hemos construido un relato fotográfico sobre el transcurso de la luz y la arquitectura de la Academia durante *Distinguished Anyways*. De hecho, en el catálogo hay varios relatos sobre *Distinguished Anyways*: el nuestro, el tuyo y el de Christian. Podremos imaginar algo de lo que ocurrió, o cómo llegó la oscuridad o se levantó la mañana, pero solo podemos recordar por nuestros propios medios la danza. La danza quedó solo en la memoria de los que estuvimos allí.

Di tramonti rossi,
bianchi e blu

Al calar del sole, le centinaia di uccelli che nidificano nell'Accademia planano sui tetti, sui chiostri e sulle teste di chi non smette di stupirsi per la bellezza dello spettacolo. Gli occhi attoniti di chi visita San Pietro in Montorio per la prima volta non sanno dove guardare. Alcuni rimangono perplessi quando si imbattono nel Tempietto di Bramante, apparentemente austero, piccolo, delicato e solenne nell'equilibrio delle sue forme. Maestoso in ciò che insinua e inquietante nella calma piena di "buone vibrazioni" che ancora fanno tremare alcuni di noi. Altri soccombono a contemplare come Roma si arrenda ai piedi del Gianicolo –dove si trova l'Accademia– e si innalzi al di là del Tevere, dolcemente, punteggiata di cupole e di qualche colle di quelli che studiamo e che cerchiamo sempre di ritrovare tra i ricordi di ciò che abbiamo imparato, affrontando la cartografia di una città che ci inganna sembrando immutabile negli anni… ma in realtà non è così, è un miraggio. A Roma nulla è uguale. Non un solo giorno. Non un tramonto. È come il mormorio di quella fontana che sgorga nel nostro chiostro e non ha mai lo stesso suono.

E se dovessi ricordare uno di quei momenti magici che vorrei trattenere e far respirare a tutti i miei pori ciò che le mie orecchie cercavano di decifrare e i miei occhi affamati di conservare, sarebbero quegli incredibili tramonti che La Ribot ci ha regalato. María. Lei. La Ribot. Che ha tessuto con la complicità dei suoi silenziosi ballerini, Juan, Piera, Martín, Mathilde e Thami. Che Jaime ha filato. Che Miguel rammendava con enorme efficienza, come sempre attento ai dettagli, supportato da Arturo. Un sogno nato da Estrella, la nostra stella, e reso possibile dall'intreccio di parole, appelli e speranze iniziate come tante storie anni prima. In conversazioni, caffè, e-mail e tanti andirivieni dove bilanci, trattative e accordi hanno trovato la complicità, mai abbastanza valorizzata, di chi crede in ciò che è possibile, di chi è consapevole della rilevanza dell'istituzione e va avanti con tutta la fiducia riposta nel team dell'Accademia di Roma. José Ángel, Guzmán, Isabel o Elena erano/sono alcuni di loro; ma anche Marisa, Ana, M. Luisa, Silvia, Marga, Cristina, María, Brenda, Paola, Pino… tanti, davvero tanti. Sono di più, e sono tra le pagine di questo libro che vi invito a sfogliare.

Un libro che è un'anteprima di un altro. Una sorta di aperitivo alla romana servito per stuzzicare l'appetito all'imbrunire. Ci saranno pagine a venire, immagini che si spera vi trasportino –come me– in quei pomeriggi in cui gli uccelli tacevano planando su corpi rossi, bianchi e blu. Si spera che possano affacciarsi nelle retine di coloro che hanno camminato nei giardini, che sono saliti sulla torre o che

hanno sostato nei chiostri dell'Accademia. L'Accademia, sì. L'Accademia e il suo
Tempietto di Bramante. Un miracolo di istituzione abitata non solo da creatori e
ricercatori che danno il meglio di sé per rendere possibili i loro agognati progetti.
Un'Accademia che apre le sue porte anche ad artisti eccellenti e riconosciuti
che, come La Ribot, si lasciano sedurre dall'anima di una casa piena di tanta
energia, talento e affetto. Un'Accademia che, in quelle sere, ha vibrato della magia
tutta speciale di María e dei suoi ballerini e i cui corpi bagnati continueranno a
risuonare in quella danza rituale intorno al Tempietto che chi di noi era presente
non dimenticherà mai...

Ed è questa l'essenza della performance, bisogna seguire l'artista, bisogna sentire
dal vivo, ogni respiro, ogni sussurro, assorbire ogni goccia del suo sudore...
quindi vi consiglio di seguirla ovunque vada. E nel frattempo, tuffatevi in questa
pubblicazione che è anche un invito a conoscere l'Academia de España en Roma
guidata da La Ribot, il suo meraviglioso complesso monumentale e, come
Stendhal, lasciatevi sedurre dai nostri tramonti. Come ha fatto La Ribot nelle
serate romane di un'estate del 2021.

Questa mattina, 16 ottobre 1832 mi trovavo a San Pietro in Montorio, sul
monte Gianicolo, a Roma, e c'era un sole magnifico. Un leggero vento
di scirocco appena percepibili faceva muovere alcune nuvolette bianche
sopra il monte Albano; un tepore delizioso regnava nell'aria, ero felice
di vivere... Questo luogo è unico al mondo, mi dicevo sognando...
Stendhal, 1832

María Ángeles Albert
Direttrice della Reale Accademia di Spagna a Roma

La Ribot all'Accademia di Spagna a Roma
A mo' di passeggiata tra gli angoli dell'edificio
Estrella de Diego

IL GRAND TOUR

Forse sia vero che alla fine del XIX secolo il mondo –ogni volta più grande– si guarda con nuovi occhi, direi perfino che si cercano nuovi luoghi adeguati allo sguardo che a quel punto traccia i cammini: luoghi che possano essere descritti sulla base di una percezione quasi drammatica dell'avvenimento. Le tappe classiche del *Grand Tour* sono colte in modo sorprendente. L'Italia, modello di studio e luogo di formazione nel ceto abbiente –"illuminato"– del 1700, diventa per i viaggiatori della fine del 1800 una sorta di frattura, il lato tragico e quasi lugubre del passato, la perdita essenziale di un tempo che se n'è andato; la visualizzazione di una bellezza fantasmagorica, estinta, che trasforma il "museo" di metà XVIII nella "città morta" di fine XIX, in cui la Storia non è territorio di ricerca, ma di nostalgia e malinconia, l'istinto di non voler superare la perdita. Dopotutto, non è forse l'operazione di trasformare la realtà in "museo" un modo come un'altro per spodestarla, riordinarla, rimpiangerla?

Il "museo" è l'epitome dell'ordine, della realtà soppiantata, il territorio in cui i fantasmi lottano per abitare a loro agio e l'Illuminismo, si sa, si impegnava a fondo per bandire i fantasmi dal suo immaginario. Ma temere o bandire i fantasmi non ne garantisce la sparizione, tutt'altro. Quell'ordine illuminista –a modo suo ordine classico– tutto sommato anticipava pericolosamente un determinato territorio del passato irrecuperabile anelato dai suddetti viaggiatori di fine XIX secolo, quelli preannunciati dai protagonisti di Stendhal. Alla fine, l'Italia che cercavano i viaggiatori del XVIII e XIX secolo, ognuno a suo modo, si modificava solo in quanto testo, in quanto Italia scritta; in quanto narrativa. Il "museo" di metà XVIII secolo e la "città morta" di fine XIX condividono un'identica qualità: entrambi rimandano a un'Italia immaginaria sfumata perché vive nel testo e le cui finte trasformazioni avvengono nella narrativa.

Poi c'è l'Academia de España en Roma –nonché Roma stessa, a tratti– a contraddire quanto precedentemente detto: essere al tempo stesso museo e nostalgia. Si può chiedere di più? L'Academia de España en Roma, costituita come tale praticamente alla fine del XIX secolo quando il 7 ottobre del 1873 venne approvato il regolamento, pretendendo dal ministro di Stato gli ordini necessari per abilitare a Roma un locale in cui insediare l'Academia de Bellas Artes, venne inaugurata nella sua attuale ubicazione il 23 gennaio del 1881. Quell'Academia ha contemporaneamente molto di museo

e di "città morta"; di storia e desideri,
precarietà e lusso; sobrietà nel lusso;
eccezionalità e vita quotidiana. O,
meglio ancora, una vita quotidiana che
si sviluppa nell'eccezionalità di quella
bellezza antica che di punto in bianco,
senza preavviso, ci assale "museata" e
museo –o quasi–. Insediata in un luogo
magnifico –il complesso architettonico
che include uno degli edifici più
appassionanti del mondo, il tempietto
di Bramante a San Pietro in Montorio–,
include tra i suoi locali un fantastico
chiostro, un giardino bellissimo e delle
terrazze dalle quali Roma si scorge
imponente e a portata di mano –per
proseguire con i paradossi–. L'Academia
ha, così, molto di museo in quanto
a storia e molto della "città morta"
dei simbolisti, in quanto a nostalgia
infinita di quella stessa storia che fu
–lo ricordano anche le fantasmagorie
nelle quali il visitatore si imbatte nei
suoi corridoi una notte qualsiasi–.

La vita quotidiana dei residenti convive
nel suo caos con i fantasmi, che
abitano discreti quegli strati di tempo
che si accumulano tra il passaggio
di quelli che furono e più non sono e
che lasciano un'impronta molto sottile
di quel cammino, di quel *tour* –chi si
azzarderebbe a spodestare il passato se
il nostro futuro lo abita?–. Di modo che,
anche se a un primo sguardo non è così
ovvio –il museo– diventa anelito di ciò
che fu –città morta–. In quella frangia nel
mezzo abita il miracolo che attraversa il
chiostro e la piccola piazza; che percorre
veloce i giardini e fruga negli studi; che
si arrampica sul terrazzo più alto della
torre, alla ricerca del tempo che fu –e
anche di quello che non fu–.

Ed è con le ricerche di La Ribot che si
fa forte in quel luogo di luoghi opposti,
quell'Academia de España en Roma

che, per quanto la si visiti, non si
finisce mai di visitare: rimane sempre
un posto da scoprire, un angolo a cui
soccombere. Per questo motivo diventa
complessa la localizzazione quando si
tratta di prospettare l'opera di La Ribot,
un'opera che ha molto di totalità e
sfida alla presunta contraddizione che
abita l'Academia: appropriarsi della
contraddizione tra museo e frattura, gli
opposti che si intrecciano nello spazio
e nel tempo, tra la precarietà e il lusso
della bellezza del tempietto popolato
da fantasmi quando pretende da
ogni turista che diventi viaggiatore. E
pretende dal *Gran Tour* che diventi *tour*,
solo un viaggio aperto alle sorprese, che
si perda tra i meandri, diventi fantasma,
abiti da fantasma in un museo che,
di colpo, diventa una tempestosa
città morta, nostalgia dei tempi che si
incrociano. Anche questo è abitare in
modo precario.

LA RIBOT IN ACADEMIA

Ho toccato per anni con le ciglia e le
retine l'arrivo di La Ribot all'Academia
de España en Roma. Ho sempre
pensato che fossero fatte l'una per
l'altra quando immaginavo muoversi
negli spazi e nei meandri dell'edificio,
anche se con La Ribot ci si tiene sempre
troppo bassi. La Ribot aspettava quatta
quatta nel futuro, forse quello della
mia memoria, per rendersi tangibile e
abitare l'Academia completa per un po';
finché il sole pigro finisse di tramontare
un giorno d'estate, il più lungo
dell'anno. Il solstizio, breve e intenso.
Pochi come La Ribot sarebbero capaci
di comprendere quella contraddizione
tra l'eccesso e la precarietà –mi dicevo–.
Alla fin fine, il lavoro di La Ribot ha
sempre un po' di eccesso e al tempo
stesso di sottile orma.

In entrambi i casi, in Academia e nel lavoro di La Ribot, diventa evidente la precarietà, intesa come modo di negoziare le assenze e le presenze –lo sanno bene le pareti dell'istituzione–. Inoltre, entrambe, l'Academia e La Ribot, rimuginano sullo scorrere, il *"durational"*, come piace dire a La Ribot –il tempo che passa e che, nel suo caso, ha bisogno dei ballerini per rendere visibile quello scorrere–. Dove potrebbe svilupparsi meglio il principio dello scorrere se non in un luogo costruito dagli strati del tempo che, a loro volta, modellano lo spazio?

La precarietà è, di fatto, una nozione essenziale nel lavoro di La Ribot, lo avvolge in una particolare nozione dell'economia di mezzi. L'uso del materiale basilare di lavoro, il corpo, è il precario per eccellenza. Precario: "Ciò che è poco stabile, poco sicuro o poco duraturo". Per La Ribot "il corpo è un materiale precario, paragonato al ferro, il legno e la tela, perché inoltre non perdura, invecchia rapidamente fino a sparire del tutto e morire". Questa nozione della "precarietà" le ha permesso, sin dai primi lavori, di non abusare mai di un numero elevato di collaboratori e di fare un lavoro indipendente, dice lei, sia a livello economico (è sempre molto scrupolosa riguardo agli stipendi dei suoi collaboratori) che a livello coreografico.

Si tratta di lavorare con ciò che si ha a portata di mano –cose spesso trovate per caso– o con ciò che si adatta, sempre di fascia bassa –cartone, stoffe, vestiti–. Anche il suo primo rapporto con la commercializzazione delle pièce cercava di essere economicamente indipendente, non di vendere le pièce in modo abituale. Era una vendita "immateriale" delle

"*piezas distinguidas*" a "proprietari *distinguidos*", pièce distinte a proprietari distinti, che avevano qualcosa di "mecenati" poiché erano quelli che la aiutavano a finanziare le opere. Si acquisiva una pièce che non si poteva portare a casa, né custodire; che si possedeva unicamente a livello simbolico, acquisendo ciò che non si può acquisire in nessun modo: l'idea stessa dello scorrere.

Sebbene la precarietà raggiunga per La Ribot altri luoghi simbolici al di fuori del corpo stesso, per esempio –riflette La Ribot– quella precarietà implicita nella danza stessa, in quanto arte alla quale si sono dedicate principalmente donne. Dice La Ribot: "delle arti la danza è tra le più precarie, in quanto effimera e in quanto femminile. Tuttavia resistiamo bene all'attacco: ancora oggi apri un libro e appaiono molte creatrici (Pina Bausch, Yvonne Rainer, Trisha Brown, Isadora Duncan, Loïe Fuller, Olga Mesa, Bronislava Nijinska, Mathilde Monnier, Maguy Marin, Meg Stuart, Lucinda Childs, Cuqui Jerez, Mónica Valenciano), senza contare le ballerine, che sono milioni." O la precarietà implicita nelle mansioni femminili che era il *leitmotiv* di *Huan Lan Hong* (2011), della serie *PARAdistinguidas* (2011). Ogni sette minuti un'interprete (figurante o ballerina) entrava in una capanna e cuciva –la macchina da cucire non si fermava mai durante gli ottanta minuti dello spettacolo–.

Insieme a queste precarietà, relative all'instabilità che permea l'Academia nel suo aspetto di spazio della storia –pietra del tempietto prodigioso ancora eretto dopo secoli, pietra solida, museo–, appare nelle opere di La Ribot un altro concetto, il riciclo che, nonostante l'apparenza di solidità, fa parte della

storia dell'Academia –il convento si
trasforma in dimroa–. È un po' come
la nozione di bricolage in Claude
Lévi-Strauss: un tipo di creatività che
approfitta di ciò che c'è a portata di
mano per risolvere le necessità che via
via si presentano. È il riutilizzo degli
edifici, degli oggetti, dei vestiti, delle
azioni, dei colori, dei materiali... in un
esercizio di lavoro sui diversi tipi di
memoria e un altro spazio che, alla fine,
condividono l'Academia e La Ribot.

Memoria antica in La Ribot degli oggetti
stessi; memoria di una certa archeologia
industriale, memoria collettiva o
individuale... Pièce che vengono da altre
pièce, spazi che vengono da altri spazi,
da altri abitanti nel gioco implacabile di
riciclo che si associa irrimediabilmente
agli spazi dell'Academia. A ogni passo
ogni stanza dell'Academia è diversa, a
seconda dell'abitante, in quel rituale
di tutti gli anni da secoli. A ogni passo
ogni pièce reiterata in La Ribot è
un'altra, quando i ballerini diventano
la pièce stessa. Cambiano e le pièce
sono diverse. Entità vive, l'Academia
e i lavori di La Ribot. Sì, erano fatte
l'una per l'altra.

IL TOUR DI LA RIBOT IN ACADEMIA,
FINALMENTE

E perciò La Ribot arriva e passeggia
nel chiostro e attorno al tempietto e nei
giardini e nelle stanze e lungo i corridoi
cercando il modo di intrecciare le sue
storie con quelle storie che abitano lì. E
si abbandona ai fantasmi e percorre gli
spazi insieme a loro. Ascolta i sussurri
che si intromettono indiscreti nella
notte romana. Non c'è via di scampo.
Si riflettono sul muro scrostato e
camminano disinibiti negli studi del
piano interrato e la torre o gli studi sul

giardino. La Ribot pensa prima a luci
che illuminano e cartoni per terra dove
i corpi si tingano di colori –bianco, blu
e rosso, grigio–. Poi, i cartoni diventano
tele e il racconto si colora al di là dei
corpi che via via si dipingono; è il
territorio che La Ribot domina come
nessun altro. In questo è imbattibile.
Parlo di una forza quasi violenta che si
impossessa del mondo, come chi copre
i corpi con un lenzuolo funebre. Mi
chiedo, pensando a performance come
Another Distinguée –violenza, gesto
sadomasochista, perfino sudario, morte
come forma contundente di precarietà–,
se La Ribot non portasse i fantasmi
indossati da casa fino all'Academia. Poi
arriva la decisione: niente luci. Il sole è
sufficiente. Alla fine del tramonto, quelle
luci strane che si mescolano e hanno
qualcosa di clandestino, bagliori spenti
tra i quali i fantasmi circolano a loro
agio. Non è male come proposta.

Ma cominciamo da sopra, andiamo dalla
luce all'oscurità, dall'alto al basso. O
meglio, percorriamo il cammino del sole
quando si prepara per svuotarsi nel buio
della notte tempo dopo. Il cielo si tinge
di un rosa luminoso in questo tramonto
romano. Si prende il suo tempo per
chiudere le persiane nella sera del
solstizio. È giugno. Neanche stavolta
La Ribot ha lasciato nulla al caso. Ha
calcolato con quella precisione tutta
sua, infestata di gesti al punto da essere
reiterati e meccanici, la durata esatta di
ogni performance e di ogni scambio, in
una specie di corsa contro il sole che
fugge; che deve fuggire. Ma comunque
no. Non è una corsa, è piuttosto
complicità. Ognuna delle performance
rappresentate sarà calcolata affinché
tutto si conclude nello stesso posto: la
danza nel tempietto, la notte che arriva
e trasforma tutti in spettri –è presto per
svelare il finale–.

Torno ora col pensiero a quel giorno di solstizio fino al terrazzo prodigioso ed esposto. La gente si distribuisce attorno alla coppia nella prima delle quattro performance che giocano con la molteplicità di luoghi –terrazzo, giardino, chiostro, cortile, tempietto– e dei tempi –accadono contemporaneamente nei diversi punti, eseguite da diversi ballerini–. *Pièce distinguée No. 55 – Amore mio* (2021) è una performance parlata, urlata, quasi operistica nella sua drammatizzazione, che racconta una sorta di curiosa storia d'amore che si spezza. Mi rendo conto di quanto possa risultare insolito e potente: le performance di La Ribot accadono soprattutto in silenzio o, almeno, senza declamazioni. Dev'essere il contagio romano –non so se sia possibile evitare le drammatizzazioni nella città di Roma–. I due ballerini vanno vestiti di bianco e giacciono su una tela bianca. Finiscono avvolti in un sudario, sempre bianco. È morte e sono statue di marmo. È l'amore fino all'eternità –che ci vuoi fare–. Finisce la performance in silenzio, mentre il sole cade dietro il Vaticano. Alcuni spettatori non possono rinunciare a scattare qualche foto della bellezza dello scenario in bilico, quello che si vede dal terrazzo. In questo frangente di *Pièce distinguée No. 55 – Amore mio*, il sole dev'essersi spostato un po' di più. Il tour di La Ribot sta seguendo il tragitto della sera. Le statue rimangono avvolte nel loro sudario di amore eterno –che ci vuoi fare–. Il pubblico scende lentamente lungo le scale esterne della torre, in bilico, come il paesaggio fuori.

Arriviamo al giardino. Lì si svolge *Pièce distinguée No. 45* (2016) che porta alla memoria *Colazione sull'erba* di Manet, una scena campestre tra amanti –buon presagio–. Ma stanno per chiudere la

loro storia. Lei, vestita a festa, si dipinge di rosso –un'altra volta l'allusione al sangue di *Another Distinguée*–; lui si dipinge di blu –o così li ricordo–, e sprofondano in un lago immaginario. Giacciono insieme, di nuovo, per l'eternità. Il sole, implacabile, segue il suo corso verso una linea dell'orizzonte immaginaria dove si immergerà. Anche il sole sottolinea il suo frammento di precarietà a quelle ore.

Nel chiostro, quando il pomeriggio è sul punto di estinguersi inflessibile, nella *Pièce distinguée No. 56 – Vesubio* (2021) si ripete la storia d'amore tra i due ballerini che fa un passo più in là nella tragedia, nel gioco di statue, immagine di Lee Miller nel film di Cocteau. Si dipingono di grigio mentre fanno l'amore: si ricoprono con le ceneri della tragedia improvvisa. "L'inevitabilità di un impero carbonizzato", dice La Ribot. Un'altra manifestazione della precarietà, aggiungerei io.

E infine, la morte, a modo suo precarietà massima del corpo. In *Pièce distinguée No. 57 – Poema redondo* (2021) la sera si spegne e i fantasmi si impossessano del luogo. Il luogo non è altro che il tempietto di pietra –buon posto per chiudere il *tour*–. Prima escono due ballerini vestiti di nero. Poi altri vestiti di bianco, gli abiti bagnati. La pietra governa ciascuno di noi e, attorno al tempietto, non si sente nemmeno il respiro dei presenti, ma soltanto il rumore dei piedi che si trascinano sulla pietra, quei passi meccanici che appassionano La Ribot. Sono gli spettri che chiamano la notte e ora, ricordando la sensazione, tornano le impressioni di un film in bianco e nero, radicale e profondo; *film noir* che dà ricovero agli spettri, proprio come nella *Signora di Shangai*. Vorrei poterlo descrivere.

Descrivere ciò che ho visto, ciò che
ho vissuto vedendolo, in quel silenzio
che mi restituiva completamente la
precarietà del mio corpo. Non ci riesco.
Alla fine, era soprattutto il suono
degli altri corpi sulla pietra, che si
lasciavano cadere, che si muovevano,
la visualizzazione di una bellezza
fantasmagorica estinta che trasformava,
definitivamente, il "museo" nella "città
morta". Proprio lì, il tempietto a sua volta
esibiva sfacciato un'insperata precarietà
–quella che i fantasmi scagliano
impertinenti sulla storia– e arrivava la
notte, definitiva, in un misto di angoscia
e predestinazione. Il *tour* di La Ribot
si concludeva in quella fascia di luci e
ombre che cerco di descrivere e non
riesco. "Ognuno sta solo sul cuore
della terra/ trafitto da un raggio di sole:
ed è subito sera", scriveva Salvatore
Quasimodo nella sua poesia "Ed è
subito sera", che sarebbe poi diventata il
suo epitaffio.

Perché ognuno è solo nel cuore della
terra, trafitto da un raggio di sole. E
all'improvviso la notte. *E fu subito sera*.

Un'unica domanda
José Luis Blondet

Un personaggio (o due o tre) entra
in scena come chi arriva da un
viaggio, scambia degli sguardi con il
pubblico, si accomoda nello spazio
e quando attendiamo che si scateni
l'azione, assistiamo esattamente
al contrario. Poco a poco –secondi,
minuti, ore–, si forma un nodo che non
smette di tendersi fino a consolidare
un'immagine e a produrre un evento
incontestabile. L'azione è semplice
ed è perfino possibile indovinare con
una certa esattezza le istruzioni che
l'artista impartisce agli interpreti, o che
si ripete a sé stessa prima di entrare
in scena. Gli interpreti (sono ballerini,
attori, personaggi?), lo spazio scenico e
l'attrezzeria variano ma l'impulso dietro
i lavori di La Ribot è sempre verso la
concentrazione. Una freccia che viene
dal margine fino a trasformarsi in
centro per poi sparire.

Il linguaggio delle sue opere,
contaminato in parti disuguali da
precisioni della danza e dalle tradizioni
della performance, non è fatto per la
dispersione. Cerca la densità e, in molte
occasioni, la quiete. La natura ibrida
del suo progetto richiedeva l'uscita
dal teatro verso altri spazi in cui le sue
pièce funzionassero come interventi in
contesti estranei alla danza. L'obiettivo
non consisteva nell'uscire dal teatro
per entrare nel museo o nella galleria
bensì inaugurare strategie per inserirsi

efficacemente in entrambi i circuiti.
Era necessario, dunque, comprendere
i meccanismi di circolazione,
commercializzazione e catalogazione di
queste pièce. E La Ribot aveva un piano.

Nel 1993, l'artista raggruppò varie
coreografie sotto la categoria *"Piezas
distinguidas"* e con questo annunciò
la struttura sulla quale avrebbe
edificato una parte importante della
sua opera. Le pièce erano vendute,
collezionate e mercanteggiate
proprio come un dipinto, un oggetto
o una scultura. Il posizionamento
di queste performance era già un
elemento del suo gioco concettuale e
coreografico, e parallelamente fungeva
da salvacondotto per aprire porte in
spazi che diffidavano della brevità, del
frammento o della discontinuità.

La Ribot pensa a sistemi, deviazioni
e scorciatoie da un piano generale;
le sue pièce, tuttavia, non ostentano
strutture complesse. Il suo interesse
per categorie e classificazione è al
di fuori dell'opera, nello studio, non
sulla scena:

Una *Pieza distinguida*, tra le
altre cose, ha una durata tra i
30 secondi e i 7 minuti; il corpo,
il mio, è l'unico mezzo possibile
[...] e queste pièce si vendono a
proprietari distinti [...]. *Pa amb*

tomàquet è la *Pièce distinguée No. 34*. È un'eccezione rispetto al concetto distinto, poiché non rispetta quasi nessuna delle regole, ma soltanto ciò che non ha spiegazione, la 'distinzione' dalle altre... Eccezione o precedente. Ancora non lo so, con certezza.[1]

Con commovente precisione e una logica nascosta allo spettatore, l'artista commenta le eccezioni alla regola, come se le sue pièce non fossero sostenute da poco più di un'armatura.

Evidentemente, l'invenzione della categoria "distinta" non cercava soltanto di costruire un programma con vari numeri ma di andare a fondo nella messa in discussione delle modalità di esibizione della danza. E a tale scopo, la strategia sarebbe stabilire l'opera come archivio aperto, con una vita più lunga del primo ciclo delle *distinguidas* che chiuse, con il secolo, nel 2000. In questo modo creava un archivio che non tradiva la fragilità della performance, che protegge la sua pienezza dalla foto o il video che pretende documentarla (fino a, potremmo dire, oggettivarla). Non è un caso che il titolo scelto, *Piezas distinguidas*, suoni un po' a slogan da grande magazzino. Le esplorazioni del corpo come oggetto e merce che La Ribot svolgeva (ricordiamo l'immagine ormai iconica del suo corpo nudo, legato ed etichettato come una valigia,[2] o steccato con parti di una sedia[3]) si potenziano con quest'allusione alla lingua del mercanteggiamento, all'esclusività del mondo dell'arte e alla singolarità di un esecutore. Ogni gioco di parole è un regolamento di conti con il progetto d'opera e per questo l'insistenza nel ribattezzare lignaggio e mitologia: *Más Distinguidas*, *Still Distinguished*,

Pièce distinguée, *PARADistinguidas* (2011), *Another Distinguée*, e le altre distinzioni che verranno.

Mentre si scrive questo testo, il suo lavoro più recente è *DIEstinguished* (2022). È un'esagerazione considerare ogni opera nuova di La Ribot un esercizio di distanza e opposizione a quella struttura fondativa?

L'artista ha creato una struttura per abitarla ma non senza opporle resistenza. Non posso dire *abitare la struttura* senza ricordare l'artista venezuelana Antonieta Sosa, che come La Ribot lavora nell'ambito della danza, l'installazione e la performance, che lei preferisce chiamare *situazioni*. Per una situazione nella Galleria d'Arte Nazionale, Sosa installò un monitor con il video di un bradipo su un albero e un'imponente impalcatura di tre metri cubi dipinta di nero. L'azione consisteva nell'avvicinare la piattaforma metallica molto lentamente, arrampicarsi e staccarsi dai suoi gradini o attorcigliarsi attorno alla griglia.[4] Nella scena artistica locale, dominata dal successo internazionale dell'astrazione geometrica e dell'arte cinetica, questo approccio continua a essere illuminante. Sosa offre un modello di un corpo che convive con una struttura e resiste lentamente nei suoi angoli.

Cominciare a camminare su una struttura, arrampicarsi su di essa significa anche guardarla e muoversi dal suo interno. La video installazione *Despliegue* (2001) e le fotografie *Otra Narcisa* (2003), create entrambe con resti dell'archivio di La Ribot, segnano un cambiamento significativo nella sua opera. *Despliegue* è composto da una grande proiezione sul pavimento e un piccolo monitor su una parete vicina. La proiezione, un grande piano sequenza, mostra l'artista, telecamera in mano, che si sposta in un piccolo caos di scarpe, stoffe dorate, un vestito verde, un altro cremisi, sedie pieghevoli, piccoli dispositivi di video che riproducono *Pa amb tomàquet*, libri, altre scarpe, altri cappelli, parrucche e altri oggetti. A tratti sembra che l'artista sia intrappolata sotto un vetro, a tratti sembra la colorata scena di un grande dipinto che riposa sul pavimento. *Despliegue* è l'inventario di attrezzeria e costumi delle trentaquattro *Piezas distinguidas* prodotte tra il 1993 e il 2000, che comprende anche frammenti di gesti, posture e atteggiamenti che fecero parte delle pièce e che ora l'artista saggia con la gravità dell'ultima o della prima volta. Quasi al centro del caos, uno specchio circolare riflette il soffitto dello studio, integrandolo in quest'opera nuova, in questo archivio spettrale e *distinto*. Il video che l'artista filma mentre viene filmata è trasmesso sul monitor collocato su una parete adiacente. Il gioco di specchi, scale e punti di vista annuncia un metodo di lavoro al quale La Ribot tornerà spesso.

Anche *Otra Narcisa* sorge dal setaccio dell'archivio, ma stavolta si concentra esclusivamente su una serie di foto scattate durante gli anni in cui presentò *Narcisa*, la *Pièce distinguée No. 16*. La Ribot, nuda davanti al pubblico, si scattava una polaroid del seno sinistro, un'altra del destro e una terza del pube. Subito dopo le posizionava sulle rispettive parti finché non avveniva la rivelazione e il pubblico assisteva al breve miracolo di vedere la trasfigurazione del corpo in immagine, la performance trasformata in documento. *Otra Narcisa* riunisce queste foto e le organizza

cronologicamente in un impassibile reticolo come un'opera autonoma. Alcune rare foto sono ritoccate umoristicamente con un pennarello, come chi disegna su un ritratto di un giornale, e lo segnalo per evidenziare la mancanza di nostalgia e solennità nel rapporto dell'artista con il documento.

L'uso strategico dell'umorismo e la distanza dal proprio corpo avvicina La Ribot ad altre narcise pioniere della performance, come Adrian Piper o Eleanor Antin. Piper si fotografò nuda ogni mattina dell'estate in cui lesse ostinatamente Immanuel Kant mentre mormorava passaggi della *Critica della ragion pura*.[5] Per la sua celebre *Talla: una escultura tradicional* (1972), Antin si fotografò nuda da quattro angolazioni che la mostravano frontale, di spalle e di profilo durante i due mesi in cui si mise a dieta per dimagrire e diventare lei stessa una scultura.[6] Nel 1971, il progetto venne respinto da una mostra di pittura e scultura nel Museo Whitney di New York. Antin, ovviamente, ironizzava sulla donna come musa e il canone della bellezza femminile, e disponendo le foto in bianco e nero su un reticolo, puntava anche il dito contro la persistenza di questi pregiudizi nella nascente arte concettuale in cui tutto sembrava essere mascolino, bianco e rigido.[7]

Ma c'è dell'altro dietro a questo riferimento, per nulla letterale, al mito di Narciso. È a partire dalla revisione del proprio archivio e del suo riflesso ingannevole che l'opera di La Ribot si apre esponenzialmente all'immagine dell'altro e alla sfera del pubblico. Questo drammatico giro risulta evidente nelle pièce immediatamente successive, *40 Espontáneos* (2004) e *Laughing Hole* (2006), nelle quali, per esempio, aumenta il numero di collaboratori (fino a quaranta intrepidi volontari, senza formazione professionale) o fa riferimento esplicito ad avvenimenti mondiali come le torture a Guantanamo o l'invasione dell'Iraq.

Ho avuto l'opportunità di mostrare *Laughing Hole* nel Los Angeles County Museum of Art, il LACMA, nel 2013. Nelle conversazioni preparatorie discutevamo con La Ribot e il suo staff sullo spazio più idoneo per l'installazione e la performance nel campus del museo. Il teatro era molto piccolo e la sala delle mostre molto grande. La pièce non si adattava né a uno spazio né all'altro. Coscienti del luogo tanto sfuggente della performance ci chiedevamo, più con spasso che con dispiacere, dove e come si esponga un corpo vivo, non una mummia, in un museo. La domanda non è nuova ora e non lo era nemmeno all'epoca, ma la complessità del problema e le risposte parziali delle istituzioni che disprezzano l'ibridismo la mantengono in vigore.

La prima versione di *Laughing Hole*, nel 2006, venne presentata in un non-luogo per eccellenza: l'architettura mutevole di una fiera d'arte. Da allora la pièce si è trasformata (tra le altre cose, non è più un solo ma un trio) e ha girato per teatri, musei, gallerie, festival di danza e arte, adattandosi senza troppe difficoltà a pubblici, spazi e aspettative. Per questo mi sorprese il momento di dubbio e il passo indietro che fece La Ribot non appena entrò nella sala di diecimila piedi quadrati del LACMA che avevamo concordato in precedenza. "Abbiamo bisogno di un'immagine per lavorare in uno spazio così grande", disse. "Piazza Tienanmen", disse tornando nella sala il giorno seguente.

Si riferiva alla celebre fotografia scattata giorni prima del massacro del giugno del 1989, in cui un manifestante anonimo e disarmato si piazza davanti a una fila di carri armati. Non ci fu una menzione diretta alla foto durante la performance.

Le tre interpreti di *Laughing Hole*, in infradito e vestite da donne delle pulizie, ognuna di un colore diverso, raccolgono da terra cartoni con frasi politiche (o vagamente politiche), personali (o vagamente personali) per attaccarli con nastro adesivo alle pareti. Già l'abbigliamento è un commento sul lavoro e il ceto sociale. Le tre donne, cartello in mano, improvvisano il tragitto dal pavimento alla parete: camminano, si trascinano, fanno piroette, si riuniscono, si separano, aprono le gambe, si sdraiano a terra, ma non smettono mai di ridere. La colonna sonora è prodotta dal vivo da un musicista che mescola e amplifica le risate nello spazio. I messaggi scritti, criptici e abominevoli, sembrano raccontare una favola distopica ma le interpreti non corrispondono al loro contenuto. Non c'è distinzione nelle loro azioni davanti a una frase come "Ricordami" o "Terrore a Guantanamo". Nessuna legge a voce alta il messaggio dei cartelli anche se si accertano che il pubblico invece riesca a leggerli. La risata e la confusione sono persistenti. Gli spettatori entrano ed escono, o si posizionano in un angolo per vedere fino a che punto riescono ad arrivare queste donne. Alla fine delle sei ore, i messaggi ricoprono le pareti, il pavimento è pulito e le donne, estenuate, si riprendono in silenzio.

L'opera di La Ribot genera un clima, non un argomento. Non è dichiarativa, né enfatica; persegue un tono e non

una discussione. Sa occupare un luogo
senza affermare né negare nulla:

> La mia intenzione è tutt'altro
> che provocatoria. Vale a dire che
> proprio come cerco di avvicinare
> un tempo e uno spazio di utilizzo
> per tutti e lavoro affinché questa
> idea si capisca e si sperimenti
> durante la mia interpretazione,
> cerco anche di non imporre
> nulla in modo categorico.[8]

Un luogo comune del genere della
performance è l'esplorazione dei limiti
del corpo a partire dallo sfinimento o
da ingigantite sfide psicologiche.
La Ribot utilizza la risata come attività
fisica per destabilizzare quei confini
senza abusare della spettacolarità
dell'eroismo e della stanchezza. Al
cospetto del dilemma iniziale teatro
o sala espositiva non ci furono più
dubbi. La scala esigeva un lavoro
fisico maggiore, ma produceva anche
un'immagine e un'esperienza difficili
da ignorare: il museo che incorniciava
un buco.

Molte delle installazioni e performance
che vennero dopo *Laughing Hole*
approfondirono l'apertura verso
l'altro e il fuori che si affacciò con
quest'opera. Le sue installazioni con
le sedie pieghevoli *Walk the Chair*
(2019) o *Walk the Bastards* (2017)
insinuano coreografie affinché il
pubblico le interpreti a partire dal
compito semplicissimo e inusuale di
leggere un testo scritto su una sedia.
Bisogna inclinarsi, piegarsi, camminare,
ripetere e riorganizzare le manovre e le
parole per trovare il luogo nella scena.
Non ci sono luoghi assegnati per il
pubblico. Considerando la storia della
sedia come motivo ricorrente in pièce

di La Ribot (*Pièce distinguée No. 29*,
Pièce distinguée No. 31), o di artisti di
riferimento come Merce Cunningham
(*Antic Meet*, 1958) o Yvonne Rainer
(*Chair Pillow*, 1969) porgere una sedia
allo spettatore è un passaggio del
testimone, un invito a prendere parte
alla stirpe di chi ci ha giocato.

Ci sono momenti del lavoro dell'artista
che suggeriscono che il tratto che
separa due corpi è una linea fragile,
quasi immaginaria. In *Pièce distinguée
No. 45* (2016)[9] un uomo e una donna
deambulano tra il pubblico prima di
buttarsi su velluto di un blu molto
indaco. Con un pennello, la donna
copre completamente l'uomo prima di
dipingersi, lei stessa, di rosso. Il colore
uniforma i loro corpi, che rimangono
intrecciati e immobili fino alla fine
della performance. Variazioni di questo
gioco di differenziazione e amalgama
appaiono anche in *LaBOLA* (2022),
in cui tre interpreti avviluppati in un
unico corpo si muovono nello spazio
eseguendo diverse azioni e, fino a
un certo punto, nel video *FILM NOIR*
(2014-2017).

Forse *FILM NOIR* è la formulazione più
letterale, commovente e divertente
della domanda del luogo dell'altro in
tutta l'opera di La Ribot. Il video è un
drastico editing di *Spartacus* di Stanley
Kubrick e di *El Cid* di Anthony Mann
per concentrarsi esclusivamente sulle
comparse. La Ribot proietta i film
originali nel suo studio e, telecamera in
mano, segue nel dettaglio una di loro
per analizzarne a voce alta i movimenti
e le motivazioni interpretative. Non
si propone di alterare la narrativa
principale, né di rivendicare piccoli
piccoli raccontando la storia del Cid da
un'altra prospettiva. Il punto di vista
che le interessa è quello degli attori

senz'arte né parte nella storia romana o spagnola. *FILM NOIR* scopre frammenti, angoli appena percepiti in cui brillano gli attori di seconda scelta, più che anonimi, quasi sempre ingaggiati per fare da popolo, esercito, massa.

In alcune riprese, con la prospettiva forzata per favorire la comparsa, La Ribot ne limita l'immagine in una sezione dello schermo, o blocca il resto dell'inquadratura del nastro originale per apprezzarne meglio le espressioni, le decisioni artistiche e le sviste. Le pareti dello studio dell'artista su cui si proiettano i film originali si insinuano, eventualmente, in *FILM NOIR*. A tratti, un intervento grafico con bande verticali colorate blocca i protagonisti per risaltare la comparsa i cui lavori minori ora dettano ogni movimento che La Ribot, telecamera in mano, deve seguire.

Non manca umorismo né delicatezza in questa coreografia invisibile che avviene nello studio: dove comincia il corpo dell'altro? Forse María Ribot appartiene a quel lignaggio di artisti che costruisce la propria opera attorno a un'unica domanda.

1. *La Ribot* (2002). Madrid: Galería Soledad Lorenzo, p. 16.
2. *Pièce distinguée No. 28, Outsized Baggage.* Proprietario distinguido Mathieu Doze, Parigi.
3. *Pièce distinguée No. 29, Chair 2000.* Proprietario distinguido ARSENIC, Losanna.
4. *Pereza* è la seconda parte del progetto *Del cuerpo al vacío. Una situación de Antonieta Sosa* presentato per la prima volta a Caracas, il 15 settembre 1985 nella Galleria d'Arte Nazionale.
5. Adrian Piper realizzò *Food for the Spirit* nell'estate del 1971, nello Stato di New York.

6. *CARVING: A Traditional Sculpture* di Eleanor Antin fu realizzata nell'estate del 1972, in California. Nel 2017, l'artista ricreò il progetto e produsse l'opera *CARVING: 45 Years Later.*
7. I riferimenti ai "ragazzi dell'arte concettuale" e al rifiuto del Museo Whitney del progetto di Antin appaiono in Eleanor Antin on Art, Ageing and Grieving, un profilo scritto da Alice Butler e pubblicato dalla rivista Frieze (Maggio, 2019). L'articolo può essere consultato a questo link: https://www.frieze. com/article/eleanor-antin-art-ageing-and-grief.

8. *La Ribot* (2002). Madrid: Galería Soledad Lorenzo, p. 16.
9. Ho assistito alla presentazione di questa Pieza distinguida interpretata da La Ribot e Juan Lorente nella Sala Alcalá 31 di Madrid il giorno in cui è cominciata l'invasione russa dell'Ucraina. Quella sera, La Ribot ha scelto di indossare una cintura blu e gialla sul piede sinistro per segnalare con la sua pièce l'imminenza della guerra.

Conversazione tra La Ribot
ed Estrella de Diego

La scorsa estate La Ribot è arrivata all'Academia de España en Roma e ha modificato per sempre le sbalorditive architetture che costituiscono il complesso architettonico –dalla terrazza alle sue viste prodigiose fino al tempietto di San Pietro in Montorio–. Tutto si è riempito di quei corpi e sguardi che costituiscono il lavoro dell'artista e poi, quando è scesa la sera, è calato il silenzio. Il mattino dopo, quando è tornata di nuovo la luce, l'Academia era impregnata di ciò che era accaduto, difficile da nominare, ma che i presenti presagivano fosse stato un avvenimento.

ESTRELLA DE DIEGO (EDD)
Potresti cominciare raccontando un po' l'idea di questa pièce che, alla fine, ha preso tutta l'Academia. Soprattutto, direi che, se le tue pièce sono sempre molto *site-specific*, in questo caso è un lavoro pensato per l'Academia e che, in realtà, proprio come è concepita, può accadere soltanto lì. Inoltre, hai trascorso tempo lavorando a Roma nei giorni e nei mesi precedenti facendo tuo il luogo. Era una Roma di lusso, inoltre, perché era vuota. Aveva un che di spettrale, smaterializzato, come alla fine della tua pièce. Non lo so, magari potremmo cominciare la conversazione dal progetto stesso, dai preparativi per il progetto... Mi affascina sempre il modo in cui si compongono le idee nelle tue pièce e ancor di più in un "assemblaggio" così complesso...

LA RIBOT (LR)
Mi piacerebbe poter cominciare dall'inizio, dal piacere di trovarlo, ma l'inizio, se c'è, è in fondo a qualcosa, a un cuore che palpita dall'altra parte, da una storia del nostro mondo, dal dolore e dal piacere dell'esistenza...

Sette mesi prima scrivevo sull'intrecciare il tempo nel progetto. "La proposta espositiva è quella di intervenire nell'edificio dell'Academia de España per diversi giorni con tutta la mia compagnia. Dall'alba al tramonto, in pieno sole o sotto la pioggia, nei corridoi, nella biblioteca, invadendo i giardini e riempiendo le terrazze, gli studi e le cucine. Immagino diverse *Piezas distinguidas* esistenti, rivisitate, contestualizzate e adattate all'edificio e al momento in cui si realizzano." Questo era nel dicembre del 2020.

Tante volte è un libro a servirmi da ispirazione. *Historia cultural del dolor*, di Javier Moscoso, lo è stato per *Another distinguée* nel 2016, una serie di otto *Piezas distinguidas* fatte per il teatro in cui si includono quelle rivisitate per questo progetto.

Stavolta invece del libro ho invitato Jaime Conde, artista ed ex borsista, storico dell'arte e innamorato di Roma e dell'Academia. Abbiamo trascorso dieci giorni insieme nel marzo del

2020, in piena pandemia. Jaime mi raccontava storie di Roma mentre visitavamo tutte le chiese aperte e vuote, tutti i conventi e le sacrestie. Perfino il grandioso Vaticano aspettava solo noi. Roma si lasciava vedere, nessuno ci guardava. La storia e la sua bellezza parlavano, i ponti si attraversavano, i chiostri si aprivano, Carracci, Borromini, una beata qui, un santo lì, San Luigi dei Francesi, Caravaggio, il ponte di Michelangelo, Matteo che conta le monete, la madre che guarda il figlio e qui un elefante e lì un obelisco, il Pantheon. E i borsisti erano tutti in danza in Academia, giorno e notte; tutto si muoveva, mentre Ángeles ci seguiva con un occhio e Miguel con l'altro.

Un'idea è stata dunque partire dalla *Pièce distinguée No. 45*, in cui una donna dipinge un uomo di rosso, su una tela di velluto blu, i colori degli angeli della Madonna e del Bambino di Jean Fouquet, dipinto attorno al 1452. E un'altra idea è stata declinare il bianco marmoreo e irreale della Madonna in una nuova coppia che si dipingesse di bianco nei cieli di Roma (sulla torre dell'Academia) emulando le migliaia di corpi in marmo che si vedono in tutta la città.

Un'altra idea è stata quella di fare versioni di *Desasosiego*, un'altra *Pieza distinguida* del 2016, in cui una frase ballata si ripete fino a consumarsi e a sparire. Poi ho pensato che tutti dovessimo essere in coppia, uomo-donna, tradizionale, come stabiliscono i canoni, la storia e la Roma che vedevo.

Poi ho pensato all'eruzione del Vesuvio e alla sua ondata di morte a seicento gradi centigradi che in millesimi di secondo fulminò un'intera città dell'Impero romano, in piena vita quotidiana. Ho immaginato una coppia grigio cenere, che si dipingeva e si spezzava a pennellate.

E poi, dopo averci girato tanto intorno, è arrivato Bramante, l'artista, il cuore dell'Academia, che bisognava toccare e costeggiare con somma cautela. E così finalmente l'abbiamo fatto, gli abbiamo girato intorno in un iniziatico processo ballato che ci ha portato fino all'oscurità.

Nel solstizio d'estate, i giorni 19, 20 e 21 giugno, ci siamo allineati con i pianeti e con le stelle. Durante le ultime settimane e con tutto il mio gruppo in Academia, abbiamo seguito la luce del sole, le sue lucentezze e le sue ombre. La città respirava e mettevamo il bianco accanto al cielo con il suo gabbiano. Quando spuntavano i lillà in giardino, suonavano le campane e l'erba si poteva colorare di rosso. Nel chiostro e sopra il ghiaino si sarebbe avviluppata la coppia grigia e al tempietto siamo passati uno a uno, a poco a poco, concordando il tema con il luogo, il colore con l'acqua, il suono dei nostri vestiti, ricordando temi e impronte, è arrivata la sera e, con lei, il bellissimo buio.

EDD

Mi commuove il modo in cui racconti la genesi del progetto –dei tuoi progetti–, di come ti vengono le idee, di come negozi con il tempo e lo spazio, essenziali nelle tue proposte. Non so, magari potresti raccontarci qualcos'altro –un paio di pennellate– di quelle *Piezas distinguidas* che ti hanno accompagnato sin dall'inizio della tua carriera e che per me hanno qualcosa di asse, di ordine, di serie, quasi di archivio, che governa il tuo lavoro. E di memoria che sorvola tutto. Sicuramente quella visita romana di Jaime –gran conoscitore di Roma e di La Ribot, nonché mio iniziatore al tuo lavoro ormai tantissimi

anni fa– è stata essenziale anche in
una Roma svuotata, nella quale si
trovavano quegli spettri che invadono
l'Academia, quelli dello scorrere, quelli
che tu invochi e materializzi nella
fine della pièce –o dovrei parlare di
sparizione e cancellatura?–, proprio
quella che si costruisce attorno a
Bramante quando scende la sera e la
danza degli spettri sprofonda nel buio.
Perché mi sembra essenziale ricordare
che in Academia tutto accade con
illuminazione naturale, di modo che,
ancora una volta, ancora una pièce,
il tuo lavoro esigeva una precisione
implacabile, direi. Nelle tue pièce
nulla è lasciato all'improvvisazione,
né al caso –mi pare– sebbene, poi, la
mera presenza degli spettatori, così
potente nello sviluppo dei lavori –e
che è presente sin nelle prime *Piezas
distinguidas* nel suo essere presente
mentre accadono– possa costruire
quella vita prolungata e tradotta delle
tue pièce.

È strano: quando mi trovo in una
delle tue pièce –e la sensazione si è
amplificata a Roma– ho l'impressione
di essere necessaria e al tempo
stesso di non esserlo affatto. È un
paradosso bellissimo: far parte
dell'avvenimento e sapere che
l'avvenimento accadrebbe senza di
te. O no? Qual è il rapporto degli
spettatori nelle tue pièce e con le tue
pièce? Come si è evoluto da quelle
prime *Piezas distinguidas*? La verità
è che la messa in scena in Academia,
la simultaneità esacerbata: diverse
pièce che prendono l'edificio intero
–impossibile fuggire, trovare un
nascondiglio sicuro– ha dato per me
una dimensione nuova al tuo lavoro.
La proposta dell'Academia de España
en Roma e il suo *tempo* nello spazio, il
modo in cui hai negoziato con la luce,
era impressionante.

LR
Dovevamo seguire il sole come
l'avevano fatto i romani, senza
elettricità e con ingegno. La storia
di Adriano il sivigliano che usciva
dal Pantheon, che io ho immaginato
in una toga bianca e dorata, che si
esponeva al popolo in ammirazione,
illuminato dal sole, ha ispirato la
fluidità tra giardino, torre e chiostri;
la luce, il tramonto e il riposo di
Bramante o la morte di Pietro. Il
tempietto si costruisce attorno a un
buco, che ci ricorda il buco che fece
una croce, su cui venne sacrificato
San Pietro, capovolto. Questa storia
mi impressiona molto.

L'effimero e l'inevitabile sono uniti a
me come il sole che spunta e sale ogni
giorno. La danza si cancella. L'azione
scompare. Il teatro è memorabile.
Tutto questo l'ho riscoperto a
Roma. Seguire il sole ha accentuato
l'irrimediabile. E ha a che vedere con
ciò che dici in merito agli spettatori.
Sono fondamentali affinché ciò che
è scritto accada, la danza, avvenga
come avvenga. Senza gli spettatori
avverrebbe in un altro modo, e
quest'altro modo è, lo sappiamo, la
differenza tra oggi e domani e mai più
e sempre. È implacabile lo scorrere
del tempo e inenarrabile il sentimento
che produce. Può darsi che il buio sia
l'unica cosa a costringerci a guardare il
firmamento per comprendere la morte
e forse il tempo.

Durante la gestazione ho anche
ricordato quel film di Marcel
Broodthaers, *La Pluie*, in cui si mette
a scrivere una poesia sotto la pioggia,
pioggia che diluisce l'inchiostro con cui
scrive. Pensavo molto a quel costante
cancellare… E per questo ho letto un tuo
testo su Broothaers, in cui dici: "finiamo
per ritrovarci tutti, sempre, in quel
piccolo pezzo, gremito, che è la morte".

Quel buco della croce di Pietro!,
che mi spaventava e che era il nostro
luogo di incontro, il luogo della morte.
E prosegui: "la morte, quel luogo di
ombre, misterioso e oscuro, ridotto e
magico, pieno di rimembranze, quasi
da romanzo di Allan Poe".

EDD
È incredibile quel film di Broodthaers,
ciò che si scrive solo per essere
cancellato. Anch'io adoro quel film e ci
penso spesso mentre scrivo.

Ma torniamo un attimo a quelle
Piezas distinguidas. Non so se sei
d'accordo con la mia idea di vederle
come una sorta di archivio.

LR
Le *Piezas distinguidas* si possono
vedere come un archivio, o un catalogo
della mia vita sparso nell'universo,
con un'aria disordinata… È divertente
spiegarlo così perché non lo faccio
con presunzione, ma piuttosto con
impotenza! L'impotenza dell'effimero
e della cancellatura e l'impotenza
di non sapere in che tempo verbale
parlare. Non so se utilizzare il passato,
il presente progressivo o il futuro.
Dovrei inventare un tempo verbale che
riunisca i tre contemporaneamente.
È un progetto del mio passato, del
mio presente e del mio futuro.
Le *Piezas distinguidas* si sono
proiettate sin dall'inizio nel tempo.
Ho cominciato nel 1993 con l'idea di
farne cento. Il numero rispondeva
al fatto di poterci mettere molti anni
per farlo. Ne sono passati trenta e sto
alla numero 57. Si possono intendere
come un discorso frammentario in
un'unità di tempo, che si dispiega,
una a una o in serie, nel corso della
mia vita. A volte ho la sensazione che
siano già scritte e che si tratti solo di
svelarle di volta in volta. A volte penso

di dover continuare con la 57a, 57b,
57c, per esempio, e avanzare così
molto lentamente o frammentare il
frammentario.

Le *Piezas distinguidas* sono
numerate, intitolate e organizzate in ciò
che chiamo serie, che sono spettacoli.
Tutto questo mi permette di riflettere
sulla danza e le arti vive.

Oggi stiamo parlando dell'ultima
serie realizzata, *Distinguished Anyways*,
una serie unica poiché è fatta per
l'Academia, la sua storia, i suoi luoghi
e con la bellissima Roma sul fondo.
Questa serie è composta da tre pièce:
*Pièce distinguée No. 55 – Amore
mio*, *Pièce distinguée No. 56 – Vesubio*
e *Pièce distinguée No. 57 – Poema
redondo*, che è quella di Bramante.
Durano tutte una trentina di minuti,
e sono tutte versioni della *Pièce
distinguée No. 45*, quella della pittura
rossa, per questo cominciavamo da lei,
come introduzione.

L'accumulo, la moltiplicazione, la
giustapposizione di queste pièce,
il modo in cui si organizzano o
si disordinano, a quali questioni
rispondono o quali questioni
prospettano, che cosa includono, che
cosa scatenano, che cosa producono e
qual è il discorso che si mantiene nel
corso degli anni…
Quando ho cominciato, erano
pièce anche brevi e rispondevano
a idee senza sviluppo. Un'idea, una
Pieza distinguida. Erano soltanto mie
e c'erano pochissime cose. Molto
silenzio, qualche oggetto. Nel 1993
una *Pieza distinguida* durava da uno
a sette minuti, e pensavo che questo
fosse breve. Poi cominciarono a durare
dieci o dodici minuti, e pensavo ancora
che fossero brevi. In *Distinguished
Anyways* ciascuna dura più di trenta
minuti, e continuo a pensare che sto
lavorando sulla nozione di brevità.

Trent'anni di *Piezas distinguidas* ora compongono una struttura più rizomatica che lineare, poiché si intrecciano con altri lavori miei e anche altre pratiche, utilizzo di video, di piani sequenza, di comparse o di figuranti. Comincia a essere un progetto immenso e complesso.

EDD
Accumulo, moltiplicazione, giustapposizione, dici, e, tuttavia, c'è molta cancellatura e spoliazione nelle tue proposte. La precarietà è, di fatto, mi sembra, una nozione speciale nel tuo lavoro in generale. È tutto avvolto da una particolare nozione dell'economia dei mezzi, da un lato, e l'uso del materiale precario per eccellenza: il corpo stesso. L'ho letto da te: "il corpo è un materiale precario, paragonato al ferro, il legno o la tela, perché fra l'altro non perdura, invecchia rapidamente fino a scomparire completamente e morire". Quella nozione della "precarietà" ti ha permesso, sin dai primi lavori, di non abusare mai di un numero elevato di collaboratori e di fare un lavoro indipendente, ripeti, sia a livello economico (sei sempre molto scrupolosa con gli stipendi dei collaboratori e in questo mondo è importante sottolinearlo) che a livello coreografico.

Forse potremmo parlare un momento di quell'affascinante precarietà nel tuo lavoro e dei tuoi collaboratori, che parlano anche di corpi che non soltanto sono precari, ma anche diversi.

LR
L'idea della precarietà è ovunque nel mio lavoro. All'inizio è stata una necessità, concettuale ed economica; poi è diventata una riflessione estetica e in quanto tale è diventata intrinseca; danza-corpo effimero, sparizione e morte. Ma, inoltre, credo di poterla spiegare come una pratica di contenimento, che ha a che vedere con la creatività e l'immediatezza. E con Calvino. Un libricino molto inspiratore, che potrei dire che all'epoca ha segnato le prime serie delle *Piezas distinguidas* tutti i miei anni novanta, sono state le sei lezioni di Italo Calvino per il cambio di millennio. Leggerezza, Rapidità, Esattezza, Visibilità, Molteplicità e l'Arte di cominciare e l'Arte di finire. Bellezza totale! Calvino è morto prima di impartire le lezioni ad Harvard e sua figlia ha recuperato i manoscritti.

La precarietà nel mio lavoro mi ha permesso di passare al nuovo millennio ispirandomi alle lezioni di Calvino. Oltre a osare interpretare oggi Visibilità e Molteplicità come diversità e le altre lezioni. All'inizio degli anni novanta lavoravo più da sola, quando le altre via via si sono aggiunte. Lo hanno fatto con tutte le loro età, colori e capacità diverse e hanno popolato il mio mondo con un'infinità di ricchezze.

Con l'Arte di cominciare e l'Arte di finire, meno chiaro per me all'epoca, ho cercato di fare qualcosa in *Another distinguée*, nel 2016. La ciclicità del dolore e del piacere, della ripetizione che si cancella e si consuma, chiaramente in *Desasosiego*, che è la base di *Pièce distinguée No. 57 – Poema redondo*, quella di Bramante. Il corso della vita, il giorno e la notte, il sole che brilla e il sole che scende, il buio. Tutte le idee di *Distinguished Anyways* a Roma, e che ci accompagnano qui. Tutte che si aggrappano alla nostra immensa precarietà fisica.

EDD
Su quella precarietà fisica in effetti ruotava il progetto dell'Academia,

tanto che, nella parte finale, quella
del tempietto quando il pomeriggio si
svuota nella sera, il corpo, per come
lo ricordo ora che ne stiamo parlando,
si è smaterializzato ed è diventato
soprattutto suoni di passi di danza che
rimbombavano nello spazio pietroso
del tempietto di Bramante. Non posso
spiegare quell'emozione intensa. Poi, la
sera. Ma lascia che ti metta in difficoltà,
lascia che ti chieda di riassumere,
in due parole, ognuna delle quattro
pièce –i quattro colori– che andavano a
conformare la pièce totale di Roma.

LR

Non è affatto semplice, ma ci proverò.
La *Pièce distinguée No. 45* si dispiega
nei luoghi di rappresentazione come
chi stende un telo sull'erba per fare
l'amore o per consumare un pranzo
improvvisato. Avvolta nel silenzio,
una singolare coppia vestita di gala si
sistema su un telo di velluto blu. Lei lo
dipinge tutto di rosso e lui si immerge
nel blu di un lago fantasioso. Lei si
dipinge tutta di rosso e intrecciandosi
a lui con gambe e braccia, rimangono
entrambi a giacere insieme fino
all'eternità. Questa pièce gioca con la
ritualità delle arti sceniche e la potenza
pittorica. È anche una ricerca sul sottile
gioco delle identità cancellate e gli
amori finiti.

Dal canto suo, la *Pièce distinguée
No. 55 – Amore mio* si svolge sulla
torre ovest dell'Academia, quando
il sole sta cadendo dietro il Vaticano
e il cielo si sta tingendo di rosa. Una
strana coppia, Piera Bellato e Juan
Loriente, vestita di bianco e su una tela
sempre bianca, si presenta all'orizzonte.
Successivamente, l'uomo dipinge lei di
bianco, su bianco. Alla fine, la coppia
si avvolgerà a terra con la tela come se
fosse una tomba di marmo, per giacere
insieme fino all'eternità. La pièce evoca

anche il marmo modellandosi nei
corpi, mentre *Pièce distinguée No. 56 –
Vesubio* indaga nella vulnerabilità di
una coppia e l'inevitabilità di un impero
carbonizzato.

Una giovane coppia, Mathilde
Invernon e Martín Gil, vestita
con colori forti, entra nel chiostro
dell'Academia de España en Roma
quando il sole è tramontato. La luce è
tenue e sfumata. Non ci sono ombre.
Si sentono rumori e voci lontane. Lei
lo dipinge di grigio cenere con grandi
tratti. Lui dipinge lei a pennellate.
Spezzandosi e amandosi, tutto si
ferma in un determinato momento.
Carbonizzati, rimangono immobili e
insieme fino all'eternità.

In *Pièce distinguée No. 57 – Poema
redondo* una coppia vestita di nero,
Thami Manekehla e io, danza nel
cortile del tempietto di Bramante.
Continua il movimento circolare del
sole che si è nascosto dietro le mura
del cortile. Il buio si impone a poco
a poco. Entra una coppia in bianco e
poi un'altra e un'altra dopo ancora.
Hanno tutte i vestiti bagnati e tutte
continuano a danzare. I rumori della
sera, gli spettatori accalcati che
si muovono intorno al tempietto,
gelido, chiuso. Danzando e danzando,
girando e girando, continuano tutti
fino all'oscurità. Si cerca l'armonia e
l'equilibrio del logorio e la ripetizione
e l'implacabile movimento del sole e
delle sue ombre.

EDD

In effetti non è facile spiegare a parole
cos'è avvenuto. Perlomeno io non ci
riesco. Per questo è tanto importante
il lavoro che ha fatto Lutz nelle sue
foto, il modo in cui avete raccontato
questa storia visiva, in cui la cosa più
importante era l'ostinazione a seguire
il sole.

LR
Ci sono progetti più felici di altri,
meglio strutturati o meglio compresi.
Distinguished Anyways per l'Academia
de España en Roma è stato uno di quelli
felici. L'invito di Christian Lutz è stato
provvidenziale. Ci ha proposto di venire
come artista e di seguirci durante i
dieci giorni che precedevano il solstizio
d'estate. Lui voleva partecipare più che
documentare. E così ha fatto. Come tu ci
hai chiesto per questo catalogo, abbiamo
costruito un racconto fotografico sul
passaggio della luce e l'architettura
dell'Academia durante *Distinguished
Anyways*. Di fatto, nel catalogo ci sono
vari racconti su *Distinguished Anyways*:
il nostro, il tuo e quello di Christian.
Potremmo immaginare qualcosa di ciò
che è accaduto, o di come è arrivato
il buio o si è alzato il mattino, ma
possiamo soltanto ricordare con i nostri
mezzi la danza. La danza è rimasta solo
nella memoria di chi si trovava lì.

Red, white and
blue dusks

As the sun sets, the hundreds of birds that nest in the Academy soar over roofs, cloisters and the heads of all those invariably startled by the beauty of the scene. The first visit to San Pietro in Montorio leaves people so astonished that they hardly know where to look. Some look perplexed when they first encounter Bramante's Tempietto: seemingly austere, small, delicate and solemn in the harmony of its forms but majestic in what it evokes and troubling for the calm filled with "good vibrations" that still makes some of us shiver. Others succumb as they see how Rome falls at the feet of the Gianicolo (where the Academy is located) and rises up beyond the Tiber; soft, dotted with domes and some of those hills that we have studied and which we always try to locate among the memories of what we studied, confronting the cartography of a city that deceives us by seeming unchanged over the years, although this is not the case, it is an illusion. Nothing in Rome is the same. Not a single day. Nor a sunset. It is like the murmuring of the fountain in our cloister which never sounds the same.

If I had to recall one of those magical moments that I so wish to hold on to, breathing in everything that my ears attempted to decipher and my avid eyes retain, it would be those incredible dusks gifted to us by La Ribot. María. She. La Ribot. Which she wove with the collaboration of her silent dancers: Juan, Piera, Martín, Mathilde and Thami. Which Jaime gathered up. Which Miguel fused together so effectively and always with such attention to detail, supported by Arturo. A dream born from Estrella, our star, which she made reality by weaving together words, calls and hopes that, like so many stories, had started many years ago. In conversations, cafés, e-mails and numerous ups and downs in which the costs, negotiations and agreements received the always under-appreciated support of those who believe in the possible, who are aware of the importance of the institution and who press on with complete confidence in the Academy of Rome team. José Ángel, Guzmán, Isabel and Elena were/are among these people, also Marisa, Ana, María Luisa, Silvia, Marga, Cristina, María, Brenda, Paolo, Pino... Truly, a lot of people. There are more of them and they appear in the pages of this book which I hope you will explore.

A book which is the foretaste of another. A type of Roman-style aperitif which stimulates the appetite at sundown. What follows are pages, images that hopefully transport you (as they do me) to those evenings when the birds fell silent as they glided over the red, white and blue bodies. I hope you can see through the eyes of those who wandered in the gardens, climbed the tower and were present in the Academy's cloisters. Yes, the Academy. The Academy and its Tempietto by Bramante. A miracle of an institution inhabited not just by creators and researchers who give the best of themselves to make their projects reality. An Academy which also welcomes outstanding and renowned artists who, like La Ribot, allow themselves to be captivated by the soul of a place filled with so much energy, talent and emotions. An Academy which vibrated on those evenings with the unique magic of María and her dancers, whose wet bodies will continue to resonate in that ritual dance around the Tempietto which I and all of those present will never forget...

This is what performance is about: following the artist, experiencing live every breath and whisper, getting soaked with every drop of sweat... let's follow it wherever it leads. And in the meantime, delve into this publication, which is also an invitation to discover the Spanish Academy in Rome in the company of La Ribot, its marvellous historic buildings and, like Stendhal, allow ourselves to be seduced by our sunsets. Like La Ribot during those Roman evenings of the summer of 2021.

Questa mattina, 16 ottobre 1832 mi trovavo a San Pietro in Montorio, sul monte Gianicolo, a Roma, e c'era un sole magnifico. Un leggero vento di scirocco appena percepibilide faceva muovere alcune nuvolette biache sopra il monte Albano; un tepore delizioso regnava nell'aria, ero felice di vivere... Questo luogo è unico al mondo, mi dicevo sognando [...].
Stendhal, 1832

María Ángeles Albert
Director of the Royal Spanish Academy in Rome

La Ribot at the Spanish Academy in Rome
By Way of a Wander among the Building's Hidden Corners
Estrella de Diego

It may be true that at the end of the 19th century the ever expanding world looked at itself with new eyes; one might even say that there was a search for new places appropriate to the gaze currently charting untraced paths: places that could be described from an almost dramatic perception of the event. The traditional stages of the Grand Tour were now perceived in a startling manner. For late 19th-century travellers, Italy, that study model and site of education for the wealthy "enlightened" class of the 18th century, became a type of rupture; the tragic, almost lugubrious side of the past, the quintessential loss of a time that had gone, the making visible of a ghostly, extinguished beauty which transformed the mid-18th-century "museum" into the late 19th-century "dead city", where History was no longer a terrain of research but one of nostalgia and melancholy, that instinct of not wanting to recover from a loss. But yet, was the operation of transforming reality into "museum" not just one more way of dispossessing it, reordering it and yearning for it?

The "museum" is the epitome of order, of displaced reality, the territory where phantoms strive to live at ease and where, as we know, the Enlightenment made every effort to liberate its imagination from ghosts. But fearing or banishing ghosts is no guarantee of making them disappear; quite the opposite in fact. Ultimately, that Enlightenment order – in its way a classical one – came dangerously close to anticipating a certain irrecoverable terrain of the past and one longed for by the afore-mentioned 19th-century travellers, in themselves prefigured by Stendhal's literary characters. Ultimately, the Italy sought out by 18th- and 19th-century travellers, each in their own way, was modified only in terms of text, in terms of a written Italy; as narrative. The mid-18th-century "museum" and the "dead city" of the late 19th century share one identical characteristic: both look back to an imaginary Italy which had vanished because it lived in the text, its fictive transformations taking place in the narrative.

But then there is the Spanish Academy in Rome – even Rome itself on occasions – to contradict all the above, being at once museum and nostalgia. What more could we ask? The Spanish Academy in Rome was founded towards the end of the 19th century. Its statutes were approved on 7 October 1873 and the relevant government minister was requested to authorise the establishment of a location in Rome to house the Fine Arts Academy, which first opened its doors in its present location on 23 January

1881. That Academy had much of the "museum" about it but also much of the "dead city": of history and desires; precariousness and luxury; sobriety and excess; the exceptional and the everyday. To express it better, it still has a daily life which played out among the unique nature of that antique beauty which suddenly and without any prior warning assaults us: "be-Mused" and, almost, a museum. The Academy is housed in an astonishing location, an architectural complex which includes one of the world's most fascinating buildings – Bramante's *tempietto* in the courtyard of San Pietro in Montorio – in addition to its marvellous cloister, beautiful garden and terraces with their views of a Rome both imposing and close at hand (to continue with our paradoxes). As such, the Academy possesses much of the museum in terms of its history and much of the Symbolists' "dead city" with regard to the infinite nostalgia for that very history, as the ghosts in its corridors that may well cross a visitor's path one night remind us.

The bustle of the building's everyday life coexists with the ghosts, who quietly inhabit the strata of time which accumulate between the footsteps of those who were there but have gone and who leave a very faint trace of that path, that "Tour": who would dare to banish the past if our future dwells in it? So, even if not very obvious at first sight, history – the museum – becomes a longing for what it was, the "dead city". That half-way, intermediary space is inhabited by the miracle which traverses the cloister and the little piazza, which passes swiftly through the gardens and rummages in the studios, which perches on the top terrace of the tower in search of time that was, but also never was...

These are La Ribot's concerns as she prepares herself in that place of opposing places, that Spanish Academy in Rome which, however much one moves around it, never fully reveals itself. There is always one more place to discover, one more hidden corner to be captivated by. This explains the complexity of staging her work, which is characterised by its totality and challenges the supposed contradiction inherent to the Academy; that of assimilating the contradiction between museum and rupture, opposites which come together in space and time, between the precariousness and the sumptuous beauty of the ghost-filled *tempietto* which requires every tourist to become a traveller. It also demands that the Grand Tour becomes a "tour"; a mere trip open to surprises, to losing oneself among the twists and turns, to becoming a phantom, living as a ghost in a museum which suddenly transforms itself into a storm-filled, dead city, nostalgic longings for overlapping times. This is also living precariously.

LA RIBOT AT THE ACADEMY

For many years I imagined La Ribot coming to the Spanish Academy in Rome. I always thought they were made for each other, and I envisaged her moving among the building's spaces, its nooks and crannies, although one can never imagine everything about La Ribot. She waited, hidden in the future, maybe in the future of my memory, in order to manifest herself and fully inhabit the Academy for a while, until the sun sets languidly one midsummer day; the brief, intense solstice. Few are as capable as La Ribot of understanding that contradiction between excess and precariousness, the two concepts we often discussed in our conversations. In the end her work always has something of excess about it while barely leaving a trace.

In both cases, the Academy and La Ribot's work, what is revealed is precariousness, in the sense of a way of negotiating absences and presences (the walls of the institution itself know a good deal about that). Furthermore, both the Academy and La Ribot constantly reconsider the passing of time, the "durational," as the artist puts it: the time that passes and which, as she explains in reference to herself, dancers need in order to make that temporal passing visible. Is there any better place for that durational passing to take place than one constructed from layers of time which, in turn model, the space?

Precariousness is in fact a key concept in La Ribot's work, endowing it with a particular notion of economy of means. The use of the body, the essential working tool, is precariousness par excellence. Definition of precarious: "That which is unstable, uncertain or short-lived." For La Ribot, "The body is a precarious material, compared to iron, wood or canvas, as it also doesn't last, it ages rapidly until it completely disappears and dies." Since her earliest works this notion of "precariousness" has meant that she has never taken on too many collaborators and has, as she explains, opted for independent activity, both financially (she is always totally scrupulous concerning collaborators' salaries) and in terms of choreography.

This is about working with what is at hand – often found objects – or with modest items and materials that can be adapted, such as cardboard, pieces of fabric, old clothes, etc. In this respect, even her first engagement with promoting her works commercially was aimed at financial independence rather than at commodifying them in the habitual manner. This was an "immaterial" sale of the "Distinguished Pieces" to "distinguished owners," who were to some extent patrons as they helped to finance the works. By acquiring a piece which could not be taken home or stored up but was only possessed on a symbolic level these "owners" acquired what could not actually be owned in any sense: the very idea of the passing of time.

For La Ribot, the idea of precariousness extends to other symbolic places outside the body; for example, as she explains, the precariousness inherent to dance itself as an art form, which has primarily been a female activity. In her own words: "Dance in the arts is also one of the most precarious because it is ephemeral and female. But we've have stood up well to the challenge: open any book on the subject today and you'll find many women dance creators (Pina Bausch, Yvonne Rainer, Trisha Brown, Isadora Duncan, Loie Fuller, Olga Mesa, Bronislava Nijinska, Mathilde Monnier, Maguy Marin, Meg Stuart, Lucinda Childs, Cuqui Jerez, Mónica Valenciano), and that's without counting the practising dancers, who must run into the millions." Again, the precariousness inherent to women's activities was the leitmotif of *Huan Lan Hong* (2011) from the series *PARAdistinguidas* (2011). Every seven minutes a different performer (extra or dancer) goes into a cabin and sews. The sewing machine never stops whirring during the eighty minutes of the performance.

Together with this precariousness and associated with the instability that permeates the Academy as a space of history – the astonishing *tempietto* that still stands after centuries, solid stone, museum – a different concept emerges in La Ribot's works. This is recycling which, despite its apparent solidity, is also part of the history of the Academy as the monastery is transformed into rooms. It is somewhat related to Claude Lévi-Strauss's concept of *bricolage*, a type of creativity which makes use of what lies to hand in order to resolve issues as they arise. It is the reuse of buildings, objects, clothes, actions, colours, materials, etc., in a working exercise focused on the different kinds of memory and space which the Academy and La Ribot ultimately share.

La Ribot displays the ancestral memory of objects themselves; the memory of a type of industrial archaeology, a collective and individual memory: pieces that once belonged to other pieces, spaces that come from other spaces, from other inhabitants, in a relentless game of recycling which inevitably relates to the spaces in the Academy. As we walk through the rooms every one is different, depending on the occupant, a yearly ritual repeated over the centuries. As each *Piece* by La Ribot is re-performed it transforms into another as the dancers become the piece itself. They change and the pieces are thus transformed. The Academy and La Ribot's works are living entities, clearly made for each other.

LA RIBOT'S TOUR AT THE ACADEMY, AT LAST...

So, La Ribot arrives and walks around the cloister, the *tempietto* and the gardens, the rooms and the corridors, seeking out the way to interweave her stories with those already living there. She abandons herself to the ghosts and walks with them through the spaces. She listens to the whisperings that indiscreetly pry into the Roman night. There is no escape. They are reflected on the peeling wall and walk freely through the studios in the basement and the tower and the ones over the garden. La Ribot firstly thinks about the lighting and the pieces of cardboard on the ground where bodies become tinged with colours – white, blue and red, grey. Then the cardboard becomes fabric and the story also becomes coloured in addition to the bodies painting themselves. This is La Ribot territory, she controls it like no one else: she is on home ground and unbeatable. She talks of an almost violent force that takes hold of the world, like someone covering bodies with a shroud. Thinking of earlier pieces such as *Another Distinguée* – violence, sadomasochistic gesture, even a shroud, death as an emphatic form of precariousness – I ask myself if La Ribot has brought her own ghosts from home to the Academy. A decision is finally made: no lighting. Sunlight is enough: and towards the end of sunset, those strange lights that meld together and have something clandestine about them, a muted glow in which the ghosts circulate freely. As an idea it's not a bad one.

But let's start at the top, moving from light to darkness, from the highest point to the lowest. Or rather, let's follow the sun's path as, a while later, it prepares to empty itself into the darkness of the night. In that Roman dusk the sky is tinged with a luminous pink. The evening of the solstice takes its time to close the shutters. It is June. Once again, La Ribot has left nothing to chance. With her typical precision characterised by almost repeated, mechanical gestures she has calculated the exact duration of each piece and of each exchange in a kind of race against the fleeing sun, which must flee. Or no, in fact: this is not a race but rather mutual interaction. Each one of the pieces performed will be calculated so that everything concludes in the same place: the dance in the *tempietto*, the night as it falls and transforms us all into ghosts – it's too soon to reveal the end.

I now think back to that midsummer day and to that monumental and exposed terrace. People spread out around the pair of dancers in the first of the four pieces, which play with the multiplicity of locations (terrace, garden, cloister, courtyard, *tempietto*) and of times, simultaneously taking place in different places, each performed by different dancers. *Pièce distinguée No. 55 – Amore mio* (2021) has spoken, proclaimed dialogue and is almost operatic in its dramatisation, recounting a curious kind of doomed love story. I realise how unusual and powerful this is in the context of La Ribot's work as almost all her pieces take place in silence or at least without declamation. It must be the effect of Rome: is it possible, I wonder, to avoid the tendency to dramatise when in that city? The two dancers are dressed in white and lie on a white cloth. By the end of the piece they are wrapped in a shroud, which is also white. It is death, and they are now marble statues. It is eternal love – nothing can be done about it. The piece ends in silence as the sun sets behind the Vatican. Some spectators cannot resist photographing the beauty of the suspended stage, the one seen from the terrace. In the time that *Pièce distinguée No. 55 – Amore mio* has lasted the sun will have moved slightly further. La Ribot's Tour is following the curve of the evening. The statues stay wrapped in their shroud of eternal love – nothing

can be done about it. The audience walk slowly down the tower's exterior stairs, suspended like the landscape beyond.

We reach the garden. Here we can see *Pièce distinguée No. 45* (2016) which brings to mind Manet's *Le Déjeuner sur l'herbe*, a bucolic scene with lovers, it bodes well. But they are in fact approaching the end of their story. Dressed for a party, she paints herself red, again the allusion to the blood in *Another Distinguée*; he paints himself blue – or so I recall – and sinks into an imaginary lake. They lie together, once again for all eternity. The relentless sun continues on its course towards an imaginary horizon line where it will set, a sun that also emphasises its element of precariousness at that time of day.

Now in the cloister, the afternoon on the point of stubbornly fading away, *Pièce distinguée No. 56 – Vesubio* (2021) repeats the love story between the two dancers which goes one step further in the tragedy, in the game of statues, the image of Lee Miller in Cocteau's film. They paint themselves grey as they make love: they become covered with the ashes of the sudden tragedy. "The inevitable result of a burnt out empire," says La Ribot, and another manifestation of precariousness I would add.

And finally, death; in a way the high point of the body's precariousness. In *Pièce distinguée No. 57 – Poema redondo* (2021) the afternoon fades and ghosts take over the place, which is none other than the stone *tempietto*, a good place to end the Tour. Two dancers dressed in black appear first, followed by several dressed in white, their clothes wet. The stone holds us all in its power and around the *tempietto* not a breath from the spectators can be heard, only the noise of feet dragging on stone, those mechanical movements so beloved by La Ribot. They are the ghosts that hail the night and now, remembering what I felt, I recall impressions of a black and white film, radical and profound; a film noir which harbours phantoms, just like *The Lady from Shanghai*. I wish I could describe it. Describe what I felt, what I experienced when I saw it, the falling of that silence which completely returned the precariousness of my body to me. I cannot. In the end it was above all the sound of the other bodies on the stone, letting themselves fall, moving, the visual manifestation of a beauty – a ghostly one, being dead – which transformed the "museum" into the "dead city" for all time. At that exact moment the *tempietto* blatantly revealed both an unexpected precariousness – the one cast insolently over history by ghosts – and night fell once and for all in a mingling of anguish and inevitability. La Ribot's Tour ended in that strip of light and darkness which I try to describe but cannot. As Salvatore Quasimodo wrote in his poem "Ed è subito sera," which would become his epitaph: *"Ognuno sta solo sul cuore della terra / trafitto da un raggio di sole: ed è subito sera."*

Because everyone stands alone at the heart of the world, pierced by a ray of sunlight. And suddenly it is evening. *E fu subito sera.*

A Single Question
José Luis Blondet

A performer (or a small group) enters the scene as if arriving from a journey, exchanging glances with the public and settling into the space. We wait for the action to start, what we see is the opposite. Little by little – seconds, minutes, hours – a knot is formed that continues to tighten until a complete image takes form and an indisputable event occurs. The action is simple and it is possible to guess with some accuracy the instructions that the artist has given the performers, or repeats to herself before going on stage. The performers (are they dancers, actors, characters?), the performance space and the props vary, but the impulse behind La Ribot's work is always towards concentration. An arrow moving from the margins to hit the centre only to then disappear.

The language of La Ribot's work, itself unevenly determined by the conventions of dance and performance, is not to be filtered. She pursues a certain density and, often, a precise stillness. The hybrid nature of her practice has necessitated exiting the theatrical stage in a search for other spaces, places where her pieces could function as interventions, in contexts other than those of dance. The objective was not to swop the theatre for the museum or the gallery, but to design strategies to effectively work on all platforms. To insert her work into these spaces it became necessary to understand the mechanisms of circulation, marketing and cataloging. La Ribot had a plan.

In 1993, the artist grouped several performances under the category Distinguished Pieces, and in doing so introduced the structure on which she would build an important part of her work. The *pieces* were sold, collected and marketed as one would a painting, an object or a sculpture. The way she positioned these performances was already part of her conceptual and choreographic strategy, and at the same time it functioned as a passport that opened the doors of circuits that had traditionally distrusted brevity, fragmentation or discontinuity.

La Ribot has a master plan to which she applies systems, detours and shortcuts. Her *pieces*, however, are not complicated structures. Her interest in categories and classifications stays outside the work; in the studio, not on the stage:

> A Distinguished Piece, among other things, lasts between 30 seconds and 7 minutes; the body, my body, is the only medium possible… and these pieces are sold to distinguished owners… *Pa amb tomàquet* is *Pièce distinguée No. 34*. It is an exception to the rule of the 'distinguished' concept,

as it hardly follows any of those rules, only in that it has no explanation, the 'distinction' of the others... Exception or precedent... I certainly don't know yet.[1]

With impressive precision and a logic hidden from the spectator, the artist comments on exceptions to the rule, as if her pieces were supported by little more than a framework.

Evidently, the invention of the category 'distinguished' was not just about creating a numbered program, but more about starting a conversation around the way dance is consumed and understood. To allow this to take place the strategy was to establish the body of work as an open archive, with a longer life than the first Distinguished cycle, which itself closed with the century in the year 2000. In this way an archive was created that did not betray the fragility of performance, which protected its independence, kept it discrete from the photograph or video that intends to document – we could say, objectify it –. It is no coincidence that the title: *Distinguished Pieces* sounds a bit like a department store slogan. The explorations of the body as object and merchandise carried out by La Ribot – let us remember the already iconic image of her naked body, tied up and labeled like a suitcase,[2] or divided by parts of a chair[3] – are highlighted by this allusion to the language of marketing, to the exclusivity of the art world and to the uniqueness of a performer. Each play on words is a stock take of the whole project, and thus the insistence on renaming its own lineage and mythology: *Más Distinguidas*, *Still Distinguished*, *Pièce distinguée*, *PARADistinguidas* (2011), *Another Distinguée*, and other distinctions to come.

At the time of writing, her most recent work is *DIEstinguished* (2022). Is it an exaggeration to consider each new work by La Ribot an exercise in distancing from, and opposition to, that foundational structure?

The artist inhabits the structure she has created, while at the same time resisting it. The idea of inhabiting a structure makes me think of the Venezuelan artist Antonieta Sosa, who, like La Ribot, works in the field of dance, installation and performance – which she prefers to call "situations" –. In the National Art Gallery in Venezuela, Sosa installed a monitor with a video of a sloth in a tree and an imposing three cubic meter scaffolding painted black. As the situation unfolded, she approached the metal platform slowly, climbing up and down from its rungs, hanging and falling from its bars, coiling in out out of the grid.[4] In the context of the art scene at the time, dominated by the international trend for geometric abstraction and kinetic art, her practice continues to be illuminating. Sosa offers a model of a body coexisting with a structure while stubbornly resisting its rules.

Creating structure, and then using it, also involves moving and looking at it from its interior. The video installation *Despliegue* (2001) and the photographic series *Otra Narcisa* (2003) are both works created with remnants from La Ribot's archive, and they mark a significant change in her work. *Despliegue* consists of a large projection on the floor of a gallery which is viewed from above, and a small monitor placed on a nearby wall. The projection, a wide shot from a fixed camera, shows the artist, herself with a hand-held camera, moving amongst a chaos of discarded shoes, materials and props: golden fabrics, a green dress, another crimson, folding chairs, small video devices playing *Pa amb tomàquet*, books, more shoes, more hats, wigs and random objects. At times it appears that the artist is trapped under glass, at others it resembles more the colourful scene of a large painting that rests on the floor. Unfolding before us is an inventory of props and costumes from the 34 Distinguished Pieces produced between 1993 and 2000. Also included in the recycling are phrases, gestures, poses and attitudes from those pieces, which the artist is now repeating with the gravity of the very last or the very first time. At the centre of the chaos lies a circular mirror that reflects and incorporates the ceiling of the studio into this new work, this spectral and distinguished archive. The video that the artist films while she is being filmed is played on the monitor placed on the adjacent wall. With this game of reflections, scale and points of view La Ribot inaugurates a working method to which she will often return.

Otra Narcisa (Another Narcissus) also emerges from a sweep of the archive, but this time it focuses exclusively on a series of photos taken during the years that *Pièce distinguée No. 16 – Narcisa* was performed. La Ribot, naked in front of the public, first shot a Polaroid of her left breast, then slowly another of the right and finally a third of her pubis. She then taped them onto the respective areas of her body and stood waiting until the Polaroids developed, while the public attended the brief miracle of watching, before their very eyes, the transfiguration of her body into an image. The performance documenting itself. *Otra Narcisa* gathers these photos together and organises them chronologically in an ordered grid as an autonomous work. A few of the photos

are humorously retouched with a felt-tip pen, like someone drawing on a newspaper portrait – revealing the lack of solemnity or nostalgic reverence in the artist's attitude to her own archive.

Both the strategic use of humour and the distancing of the body, bring La Ribot closer to other pioneering Narcissi of performance, such as Adrian Piper or Eleanor Antin. Piper photographed herself nude every morning of the summer of 1971 as she insistently read Immanuel Kant, mumbling passages from the *Critique of Pure Reason*.[5] For her celebrated *Carving: A Traditional Sculpture* (1972), Antin photographed herself nude from four different angles – the front, behind, and both sides – for two months during which she followed a weight loss diet and transformed herself into a sculpture.[6] In 1971, the project had been rejected for an exhibition of painting and sculpture at the Whitney Museum in New York. Antin, of course, was ironic about the woman as muse and the canon of female beauty, and by arranging the black and white photographs in a grid, she also highlighted the persistence of these prejudices in nascent conceptual art, where everything it appeared to be white, masculine, and cubed.[7]

However, there is more behind this general reference to the myth of Narcissus. This retrospective trawl of her own archive and its distorted reflection of her work allowed La Ribot to look outward at others and move forward into the public sphere. This dramatic rerouting is evident in the work that immediately followed *Otra Narcisa: 40 Espont*áneos (2004) and *Laughing Hole* (2006), in which she involved a much larger number of collaborators – up to forty intrepid volunteers, without professional training – and explicit references to world events, such as the torture perpetrated at Guantanamo or the invasion of Irak.

I had the opportunity to programme *Laughing Hole* at the Los Angeles County Museum of Art (LACMA) in 2013. In the preparatory conversations, we discussed with La Ribot and her team where the most suitable space for the installation and the performance would be in the museum. The theatre was too small and the exhibition hall too large. The piece did not fit one space or the other. Aware of the elusive place for performance in the institution, we wondered, with more humour than disgust, where and how a living body, not a mummy, can be exhibited in a museum. Not a new question now or then, but the complexity of the problem and the partial answers offered by institutions that resist hybrid practices, keep it pressingly current.

The first version of *Laughing Hole*, in 2006, was presented in a quintessential non-place: the flexible architecture of an art fair. Since then, the piece has been transformed (among other things, it is no longer a solo but a trio) and has toured theatres, museums, galleries, dance and art festivals, adjusting without major difficulties to audiences, spaces and expectations. For this reason, I was surprised by the moment of hesitation, the step back, that La Ribot took as soon as she entered the 1000-square-metre room at LACMA that we had previously agreed upon. "We need an image to work with in such a large space," she said. "Tiannamen Square," she said, returning to the room the next day. She was clearly referring to the famous photograph taken days before the June 1989 massacre, in which an anonymous and unarmed protester stands in front of a row of armoured tanks. There was no direct mention of the photo during the performance.

In *Laughing Hole* three performers, dressed as cleaners and wearing flip-flops, each in a different colour, pick up large cardboard strips from the floor and tape them to the walls, the strips are emblazoned with political (or vaguely political), personal (or vaguely personal) phrases. The costumes are already a comment on work and social class. The three women, placards in hand, improvise the route from the floor to the wall: they walk, crawl, do pirouettes, come together, separate, spread their legs, lie on the ground and they never stop laughing. The soundtrack is produced live by a musician, who mixes and amplifies the laughter in the space. The cryptic and ominous messages seem to tell a dystopian fable, but the interpreters do not respond to their content. Their actions do not change according to the contrasting phrases they carry; *Remember me* or *Terror in Guant*ánamo. None of them read aloud the messages on the placards, although they make sure that the public can read them. The laughter and confusion are persistent. Spectators come and go, or settle in a corner to see how long these women can last. At the end of the six hours, the messages cover the walls, the floor is clean and the women, exhausted, recover in silence.

La Ribot's work creates an atmosphere, not an argument. It is neither declarative nor emphatic; it seeks a tone, a quality of mood. She knows how to take possession of a space without affirming or denying anything:

My intention is not to provoke. That is to say, equally as I try to create a time and a space for everyone to use, I also work so that this idea is understood and experienced during my performance, I try not to impose anything absolutely.[8]

A classic theme of the performance genre is the exploration of the limits of the body brought on by exhaustion or extreme psychological challenges. La Ribot employs laughter as a physical activity to destabilise those borders, without making a theatrical spectacle of heroism and fatigue. Faced with the initial dilemma posed by the programming of *Laughing Hole* at LACMA (theatre or gallery space?), there were no doubts. The large scale of the gallery required greater physical effort, but in return it produced an image and experience that was difficult to ignore: that of the museum framing a hole.

Many of the installations and performances that followed *Laughing Hole* explore this new tendency to open up, look out and invite in the spectator. La Ribot's installations with folding chairs – *Walk the Chair* (2010) and *Walk the Bastards* (2017) – propose choreographies that include the intervention of the public, based on the very simple and unusual task of reading a text written on a chair. To do this you have to bend over, crouch, walk, repeat, reorganise and manoeuvre both chairs and words to find your place in the piece. There is no assigned place for the public in the space. Considering the history of the chair as a recurring motif in the work of La Ribot (*Pièce distinguée No. 29*, *Pièce distinguée No. 31*), as well as references to artists such as Merce Cunningham (*Antic Meet*, 1958) or Yvonne Rainer (*Chair Pillow*, 1969), by offering a chair to the spectator she is passing the baton,

offering an invitation to take a part in the lineage of those who have played with them before.

There are moments in the artist's work that suggest a blurring of the line that separates two bodies, makes it fragile, almost imaginary. In *Pièce distinguée No. 45* (2016)[9] a man and a woman wander through the audience before lying down on a deep indigo cloth of velvet. The woman proceeds to paint the man red all over with deliberate brush strokes before turning on herself and doing the same. The colour unites their bodies in one shape, which then remain intertwined and motionless until the end of the performance. Variations on this game of differentiation and amalgamation also appear in *LaBOLA* (2022) – in which three performers, intertwined in a single body, move through space performing various actions – and, to a certain extent, in the video *FILM NOIR* (2014-2017).

Perhaps *FILM NOIR* is the most literal, moving and humorous formulation of the question on the place of the other in all of La Ribot's work. The video is a drastic edit of *Spartacus* by Stanley Kubrick, and *El Cid*, by Anthony Mann, which focuses attention exclusively on the extras. La Ribot projects the original films in her studio and, camera in hand, closely follows an extra to analyse, in her own voice, their acting, movements and motivations. It is not an attempt to change the story or vindicate the role of every spear carrier by telling the story of El Cid from a different perspective. The point of view that interests her is that of the nameless and voiceless actors from Roman or Spanish history. *FILM NOIR* discovers fragments, previously unnoticed corners where C list actors shine, anonymous, less than anonymous and almost always hired to play the people, the army, the masses.

In some shots La Ribot forces the perspective to favour the extra, confining their image to a section of the screen, or she blocks the rest of the frame of the original film to focus attention on their expressions, artistic decisions or absent-mindedness. The walls of the artist's studio where the original films are projected become part of *FILM NOIR*. Sometimes she graphically inserts vertical bands of colour to block out the protagonists and highlight the extra whose menial background tasks now dictate every move that La Ribot, camera in hand, must follow.

There is much humour and delicacy in the invisible choreography that takes place in the studio: Where does the body of the other begin? Perhaps María Ribot belongs to the lineage of artists who build their work around a single question.

1. *La Ribot* (2002), exhibition catalogue, Soledad Lorenzo Gallery, Madrid, p. 16.
2. *Pièce distinguée No. 28, Outsized Baggage. Distinguished owner:* Mathieu Doze, Paris.
3. *Pièce distinguée No. 29, Chair 2000. Distinguished owner:* ARSENIC, Laussane.
4. *Pereza* (Sloth) is the second part of the project: *Del cuerpo al vacío* (From the Body into the Void). *A situation by Antonieta Sosa*, presented for the first time in Caracas, on September 15, 1985, at the National Art Gallery.

5. Adrian Piper made *Food for the Spirit* in the summer of 1971, in New York State.
6. *CARVING: A Traditional Sculpture*, by Eleanor Antin, was made in the summer of 1972 in California. In 2017, the artist recreated the project and produced the work *CARVING: 45 Years Later*.
7. References to the "conceptual art kids" and the Whitney Museum's rejection of Antin's project appear in Butler, Alice (2019, May): *Eleanor Antin on Art, Ageing and Grieving*, Frieze. Available at: https://www.frieze.com/article/eleanor-antin-

art-ageing-and-grief [accessed: 23/03/2023].
8. *La Ribot* (2002), exhibition catalogue, Soledad Lorenzo Gallery, Madrid, p. 16.
9. I attended the presentation of this Distinguished Piece, performed by La Ribot and Juan Lorente at Sala Alcalá 31 in Madrid, the day the Russian invasion of Ukraine began (February 24, 2022). That night, La Ribot chose to wear a blue and yellow ribbon on her left foot, to signal from her piece the imminence of war.

A Conversation between La Ribot and Estrella de Diego

La Ribot arrived at the Spanish Academy in Rome last summer and shifted its stones forever, modified the historic setting of this impressive architectural complex, right through from the terrace with its prodigious views, to *Il Tempietto* of San Pietro in Montorio. The artist filled the building's spaces with her characteristic use of bodies, gestures and gazes. Then, when night fell, there was silence. The next morning, when the light returned something had changed, the Academy had been impregnated by what had happened; difficult to define, but those of us who were there felt we had witnessed an important event.

ESTRELLA DE DIEGO (EDD)
Maybe you can start by telling me about the initial ideas for this piece that, in the end, grew and took over the entire Academy. One could say that a lot of your work is site-specific, or changes as the site changes, but in this case, in this work designed for the Academy, as it is conceived, it could only have happened there. Moreover, you spent some time working in Rome months before, and came and stayed in the run up to the performance, making the place your own. It was a luxury to be in Rome in 2021, because it was deserted. It had a spectral quality, dematerialised, the same quality we saw in the finale of your work. So, maybe we can start the conversation there with the project itself, with the preparations for the project... I am always fascinated by the way in which ideas are put together in your work, and even more so in an *assemblage* as complex as this one...

LA RIBOT (LR)
I wish I could start at the beginning, for the pleasure of finding it myself, but the beginning, if there is one, is at the bottom of something else, in a heart that beats side by side with another, in the story of our world, in the pain and pleasure of existence...

Seven months earlier, I wrote about the way time weaves through the project: "The proposal is to intervene in the real space of the Spanish Academy for several days and with my entire company. From sunrise to sunset, in bright sunlight or in the rain, through the corridors, in the library, invading the gardens and filling the terraces, the studios and the kitchens. I imagine various versions of the existing distinguished pieces contextualised by, and adapted to, the building and to the moment in which they are performed." This was written in December 2020.

Often it is a book that first inspires me. Javier Moscoso's *Cultural History of Pain* helped bring about *Another Distinguée* in 2016, a series of eight distinguished pieces conceived for the theatre that include those I adapted for this project.

This time I swopped the book for an invitation: Jaime Conde, artist and former scholar at the Academy, who is an art historian and deeply in love with Rome and the Academy. We spent ten days together in March 2021, in the midst of the pandemic. Jaime told me stories of Rome as we visited all the open and empty churches, all the convents and sacristies. Even the grandiose Vatican was waiting, just for us. Rome let itself be seen and nobody looked at us. The History and the beauty of the city spoke to us: bridges were crossed, cloisters opened, Carracci, Borromini, a pious pilgrim here, a saint there, *San Luigi dei Francesi*, Caravaggio, Michelangelo's bridge, Mateo counting the coins, the mother gazing down at her son – here an elephant and there an obelisk – the Pantheon. At night in the Academy the scholars danced, they danced night and day; everything was in motion and we were soaked in the spirit of the historic city.

It came to me to start from *Pièce distinguée No. 45*, in which a woman paints a man red, while they move on a blue velvet canvas, the colours of the angels in the *Virgin and Child* by Jean Fouquet, painted c. 1452. Another idea was to impose the colour of marble statues and the unreal white of the Virgin on a couple who would be painted white above the city of Rome on the highest point of the Academy: the tower. An act that would echo the thousands of marble bodies scattered throughout the city.

Then a further idea was to make a new version of *Desasosiego (Disquietude)*, another distinguished piece from 2016, in which a danced phrase is constantly repeated until it wears itself out and disappears. Then it occurred to me to enact this repetition in pairs, one man-one woman, very traditional, abiding by the conventional canons, history and the mandates of Rome as I was experiencing it.

Then I thought of the eruption of Vesuvius and the wave of death at six hundred degrees centigrade that in milliseconds struck down an entire city of the Roman Empire, in the midst of daily life. I imagined a couple in ash grey, moving around each other in a kind of fighting embrace: thrusting, stroking, cutting and caressing each other with the brush.

And then, after much thought we arrived at Bramante, the artist, the heart of the Academy; *il tempietto*, that had to be and skirted around and treated with great care. In the end, as we arrived, we turned around and around it in an initiation dance, a process that took us into the darkness.

On the summer solstice: June the 19th, 20th and 21st, we aligned with the planets and the stars. During the weeks before I, accompanied by my team at the Academy, had been tracking the sunlight; where it was brightest, its darkest shadows. The city breathed and we placed white against the sky with its seagull. When the Irises came out in the garden, the bells rang and the grass called out for red. In the cloister and on the gravel the grey couple would writhe, and then to *il tempietto*, one by one, little by little, matching our theme to the place, the colour with the water, the sound of our clothes; remembering tropes and traces, as night came in and brought the beautiful darkness.

EDD

I am fascinated by the way you describe the genesis of the project – all your projects –, how ideas assail you, how you negotiate with time and space, always essential elements in your work. Maybe you could develop a little more on this theme; on those distinguished pieces that have you have been performing since the beginning of your career and

that, for me, act as an axis, the start of
an order, a series, almost an archive,
that governs your work. And also, ideas
of memory and remembering that run
through all your *ouvre*. I understand
that having Jaime Conde as a guide in
Rome was key, – he is well versed, not
just in the city but also in your work; in
fact he introduced me to it many years
ago now – it was also so important that
you saw Rome empty, a Rome where
the spectres of Academy can be found,
those that are passing through and that
you invoke, give form to, in the final
section of your piece – or should I talk
about disappearance, rubbing away? A
question specifically relating to the piece
that is built around the Bramante, when
night falls and the dance of the spectres
sinks into darkness. It seems essential
to me to remember that everything
happens with natural lighting, so that
once again your work demanded a
relentless precision. Am I wrong to
say that in your work nothing is left to
chance, there is no improvisation. It
seems so to me, although, later at the
moment of performance, the presence
of the surrounding public is powerful
and important in the development.
This is true from the first distinguished
pieces, the spectators are an essential
part of the pieces as they occur, a cog
that prolongs and translates the life of
your work.

It's strange: when I'm in the middle
of one of your pieces – and the feeling
was underlined for me in Rome – I have
the impression that I'm necessary at the
same time being completely irrelevant. It
is a beautiful paradox: being an integral
part of the event and also knowing
that the event would happen without
you. So how do you understand the
relationship of the spectators in your
pieces and with your pieces? How has
it evolved since the first series? It is

true that the way the Academy project
was staged foregrounded simultaneity;
several pieces happening at the same
time and taking over the entire building:
impossible to escape from, to find a
safe hiding place. This has added a new
dimension to your work. In the pieces
performed at the Spanish Academy in
Rome, the exquisite timing, in tempo
with the use of space, and the way in
which you negotiated with the light, was
profoundly impressive.

LR

We had to follow the sun as the ancient
Romans did, without electricity and
with ingenuity. The story of the Iberian
born Hadrian holding court at the
Pantheon, who I imagined in a white
and gold toga, displaying himself to the
admiring people, illuminated by the sun,
this inspired the fluidity between the
garden, the tower and the cloisters; the
light, the sunset, the spirit of Bramante,
or the death of Saint Peter. *Il tempietto* is
built around a hole, to remind us of the
hole made by a cross; the cross on which
Saint Peter was crucified upside down at
his own request. This story had a great
impact on me.

The ephemeral and the inevitable are
united in me, like the sun that sets and
rises every day. Dance fades. The action
disappears. Theatre is memorable. I have
rediscovered all this in Rome. Following
the sun highlights the irremediable. And
it relates to what you say about being
a spectator. The public are fundamental
to the action, to make the dance, as it is
written, occur; to make the happening
happen. Without the spectators it would
all play out in another way, and that
other way is, we know, the difference
between today and tomorrow; never
again and always. The passage of time is
relentless and the feeling it produces
is indescribable. Perhaps we need the

darkness to forces our gaze on the sky and helps us to understand death and perhaps time itself.

While I was developing the piece I thought about the film *La Pluie*, by Marcel Broodthaers, where he begins to write a poem in the rain, rain that washes away the ink as he writes. I thought a lot about that constant erasing… that is why I read a text of yours about Broodthaers, in which you say: "we will always end up finding each other, in that small, crowded place, that is death."

That hole for the cross of St Peter! That scared me, and that was our meeting place, the place of death. Your text continues: "death, that place of shadows, mysterious and dark, narrow yet magical, full of the reverberations of memory, like something from Edgar Allan Poe."

EDD

That Broodthaers movie is great, that he writes only to see it immediately be erased. I love that movie too and think of it often as I write.

But let us return for a moment to the distinguished pieces. I don't know if you agree with my understanding of them as a kind of archive.

LR

The distinguished pieces can be seen as an archive, or a catalogue of my life, scattered in a disordered fashion throughout the universe… It's fun to explain it like that, I am not being pretentious, I am helpless to control it! Helpless in the face of the ephemeral nature of things, the endless erasing. So helpless I do not know in which tense to speak. I don't know whether to use the past, the present continuous or the future. I would have to invent a new tense that brought all three together at once. It is a project of my past, my present and my future.

The distinguished pieces have been a project of mine from the very beginning. I set out in 1993 with the idea of doing a hundred. The number was chosen with the idea that it would take me many years to complete. I've been working on them for thirty years and have arrived at number 57. They can be understood as a fragmented discourse measured in units of time, which unfolds, one by one or in a series, during the course of my life. Sometimes I have the feeling that they are already written and that it is only a matter of revealing them. Sometimes I think that I have to continue with 57a, 57b, 57c, for example, and thus move very slowly or fragment the fragmented.

The distinguished pieces are numbered, titled and organised by what I call series, which in fact are shows. All this allows me to reflect on dance and the performing arts.

Today we are talking about the latest series, *Distinguished Anyways*, an exception to the norm, because it was made especially for the Academy – taking into consideration history and architectural context – and with the beauty of Rome as a backdrop. This series consists of three pieces: *Pièce distinguée No. 55 – Amore mio*, *Pièce distinguée No. 56 – Vesubio* and *Pièce distinguée No. 57 – Poema redondo*, the one made for the Bramante temple. They all last about thirty minutes, and they're all versions of *Pièce distinguée No. 45*, the one with the red paint, that's why we started with it, as an introduction.

The accumulation, multiplication, juxtaposition of these pieces, how they are organised or disordered, what questions they respond to or what questions they raise, what they include, what they unleash, what they produce

and what is the discourse that has been
maintained over the years.

When I started, they were short pieces
and responded to ideas not yet fully
developed. One idea: one distinguished
Piece. I was the only *actor* and they
were very simply staged; lots of
silence and very few props. In 1993 a
distinguished Piece lasted between one
and seven minutes, and I considered
that to be short. Then they started
extending to ten or twelve minutes,
and I still considered them short. In
Distinguished Anyways, each piece lasts
more than thirty minutes, and I still feel
that I am working with ideas of brevity.

After thirty years of distinguished
pieces, they now form more of a
rhizomatic than linear structure, as they
are intertwined with other works of
mine and even other practices, the use
of video, continuous takes, extras or
volunteers. It has become a large and
complex project.

EDD
You speak of accumulation, multiplication,
juxtaposition, and yet there is a lot of
erasure and divestment in your work. I
would say that precariousness is a central
idea for you. Everything is wrapped up
with a characteristic economy of means;
always using the most basic fundamental
tools and materials: the body. You have
written: "the body made of precarious
material: compared to iron, wood or
canvas, it does not last, it ages quickly
until it completely dies and disappears."
This notion of precariousness has led
you, from the beginning to keep your
company small and to consistently
work independently, both financially
(you are always very scrupulous with
collaborators' salaries) and in terms of
your choreography.

Can we talk for a moment about this
fascinating precariousness in your work

and about those you collaborate with;
those bodies that are not only precarious
but also diverse.

LR
The idea of precariousness runs through
all my work. At first it was a necessity,
conceptually and financially; then it
developed into an aesthetic reflection
and as such became intrinsic; dance-
ephemeral body, fading and death.
But also, I can explain it as a practice
of containment, related to the creative
process and ideas of immediacy. The
work of Italo Calvino has been key; his
book *Six Memos for the Next Millennium*
was very inspiring for me, it left its mark
on the first series of distinguished pieces
and on all my work during the 1990s.
Six qualities: Lightness, Quickness,
Multiplicity, Exactitude, Visibility
and Multiplicity. The Art of beginning and
the Art of ending. It is a totally beautiful
work! Calvino died before he could give
the lectures at Harvard and his daughter
rescued the manuscripts for publication.

The precariousness in my work has
allowed me to move into the millennium
while drawing inspiration from the
lessons of Calvino. I have dared to
present my interpretation of Visibility
and Multiplicity as diversity, among
other lessons I have extracted from
his thinking. At the beginning of the
nineties, I was generally alone onstage.
Over the years, as I have started working
with other artists, other people, I have
incorporated *actors* of all ages, colours
and abilities, as they have appeared
in my life, and brought with them a
profound richness.

I was less assured with the ideas
of the art of beginning and of ending.
I started trying to deal with them in 2016
in *Another Distinguished,* in *Desasosiego
(Disquietude)*, which is the basis of *Pièce
distinguée No. 57 – Poema redondo*, the

final Bramante temple piece: the cycle of pain and pleasure, repetition that erases itself, wears itself out. The passage of life, day and night, the sun rising, shining through the day, the sun setting, and finally the darkness. All these ideas are part of *Distinguished Anyways* in Rome, everything we are discussing here. All are intertwined inextricably with our profoundly precarious physicality.

EDD
The Academy project revolved around this physical precariousness, most clearly dramatised, as I recall it now, in the final section around *il tempietto*: as the evening emptied itself into the night, the bodies of the dancers dematerialised, transformed into sound, mostly sounds of movement, which echoed around the stone walls of Bramante's temple. I can't verbalise the intensity of the experience as the night fell. Instead let me give you the challenge, let me ask you, in as few words as possible, to summarise each of the four pieces – the four colours – that made up the whole show in Rome.

LR
It's not an easy task, but I'll give it a go. *Pièce distinguée No. 45* unfolds as a performance, as someone spreading a cloth on the grass to make love or to have an impromptu picnic. Wrapped in silence, the unusual couple, dressed up in their party finery, make themselves comfortable on a blue velvet fabric. She paints him red all over and he sinks into the blue of a fantasy lake. She then paints herself red all over and intertwines her arms and legs in his. The couple remain there, lying together until eternity. This piece plays with the ritual aspects of the performing arts and the visual arts in general, it is pictorial. It is also an investigation into the subtle game of erased identities and ended love affairs.

The next *Pièce distinguée No. 55 – Amore mio* unfolds on the west tower of the Academy, when the sun is setting behind the Vatican and the sky is turning pink. A strange couple, Piera Bellato and Juan Loriente, both dressed completely in white, stand on a white cloth against the horizon. Progressively he paints her whiter, white on white. Finally, the couple end up wrapped together in the cloth on the floor as if it were a marble tomb, there they lie together eternally.

The piece evokes the way bodies are modelled in marble, while the next *Pièce distinguée No. 56 – Vesubio* explores how vulnerable the couple are, how vulnerable empires are, the inevitable final burning: A young couple, Mathilde Invernon and Martín Gil, dressed in rich colours, enter the cloister of the Spanish Academy in Rome just as the sun has set. The light is dim, nuanced; there are no shadows. Distant noises and voices can be heard. She paints him ash grey in broad strokes. He paints her ash grey with the same wide gestures. The piece is staggered, they stop and start as they paint and make love to each other, then, suddenly they freeze. Carbonised, they remain twined together eternally.

In *Pièce distinguée No. 57 – Poema redondo*, a couple dressed in black, myself and Thami Manekehla, dance together in the courtyard of the Bramante temple. The circular movement of the sun, that is now hidden behind the walls of the patio, continues. The darkness thickens little by little. A couple in white walk in and then another and later, another. All are dressed in clothes soaked with water and they all join in a continuous dance. We hear the noises of the night, of the crowd of spectators moving around the cold marble and stone of the closed temple. Dancing and dancing, around and around, they continue into the falling darkness.

Seeking harmony and balance in the wear and tear of endless repetition echoed in the relentless movement of the sun and its accompanying shadows.

EDD
Because explaining this highly visual work is difficult, for me at least, Christian Lutz's photographic documentation is so important, the photographs show the way in which you told a visual story. A story in which the most important thing was your determination to follow the path of the sun.

LR
There are always projects that are happier than others, have more resources or are better understood. *Distinguished Anyways* for the Academy of Spain in Rome was one of the happy ones. Christian Lutz's invitation was providential. He suggested that we come, like any other artist, and allow him to follow the progress of our work over the ten days prior to the summer solstice. He actually wanted to participate more than to document, which he did. As requested for this publication, we collaborated on a photographic story; on the course of light as it moved around the architecture of the Academy during *Distinguished Anyways*. In fact, there are several versions of the *Distinguished Anyways* story in this book: ours, yours, and Christian's. Reading them one can imagine something of what happened, how the darkness fell or the morning arrived, but the dance itself can only be remembered through the action of presence. The dance remains only in the memory of those of us who were actually there.

La Ribot
Distinguished Anyways

Pièce distinguée N°45
Pièce distinguée N°55 – Amore mio
Pièce distinguée N°56 – Vesubio
Pièce distinguée N°57 – Poema redondo

Photographs by Christian Lutz

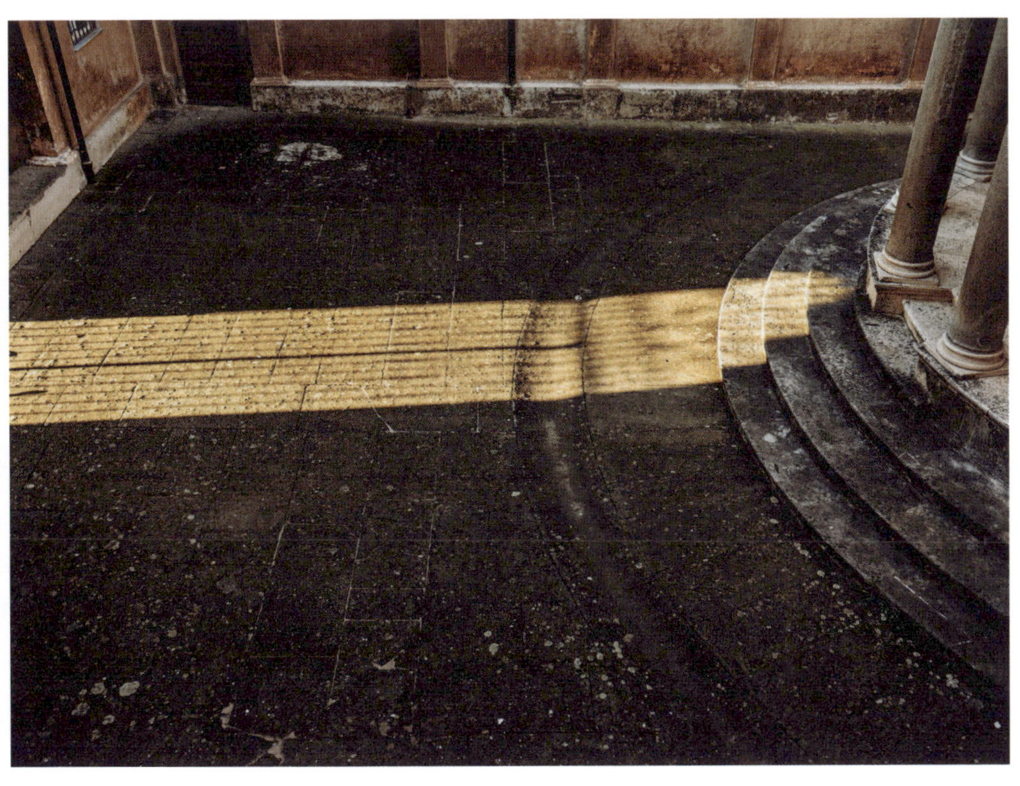

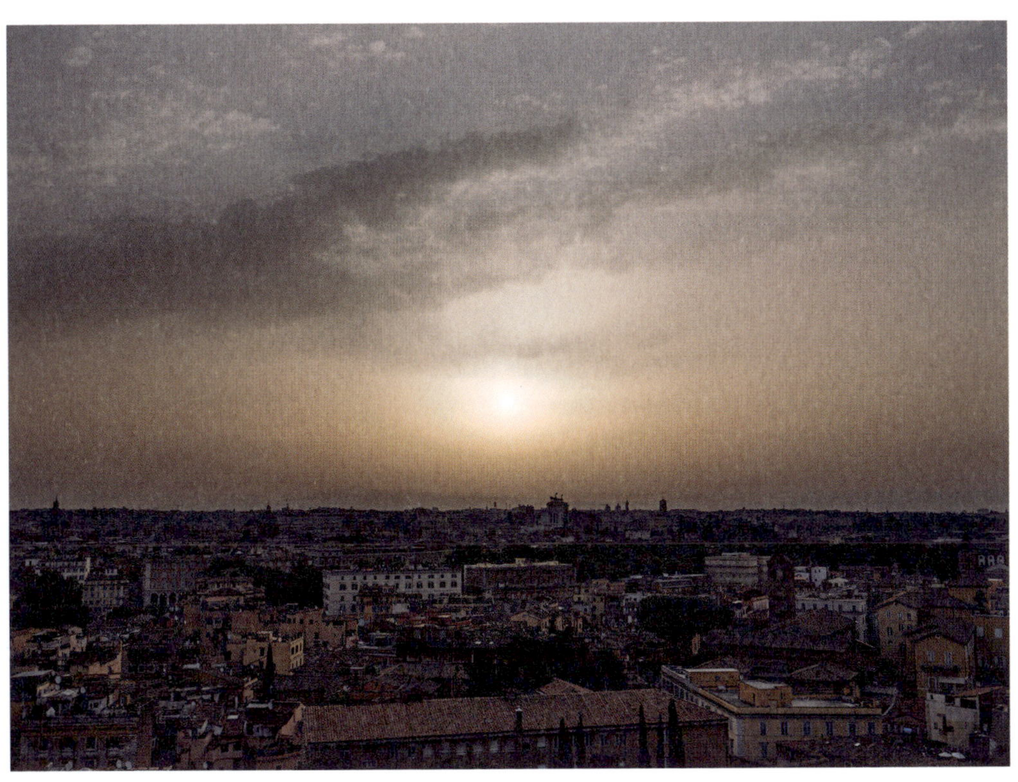

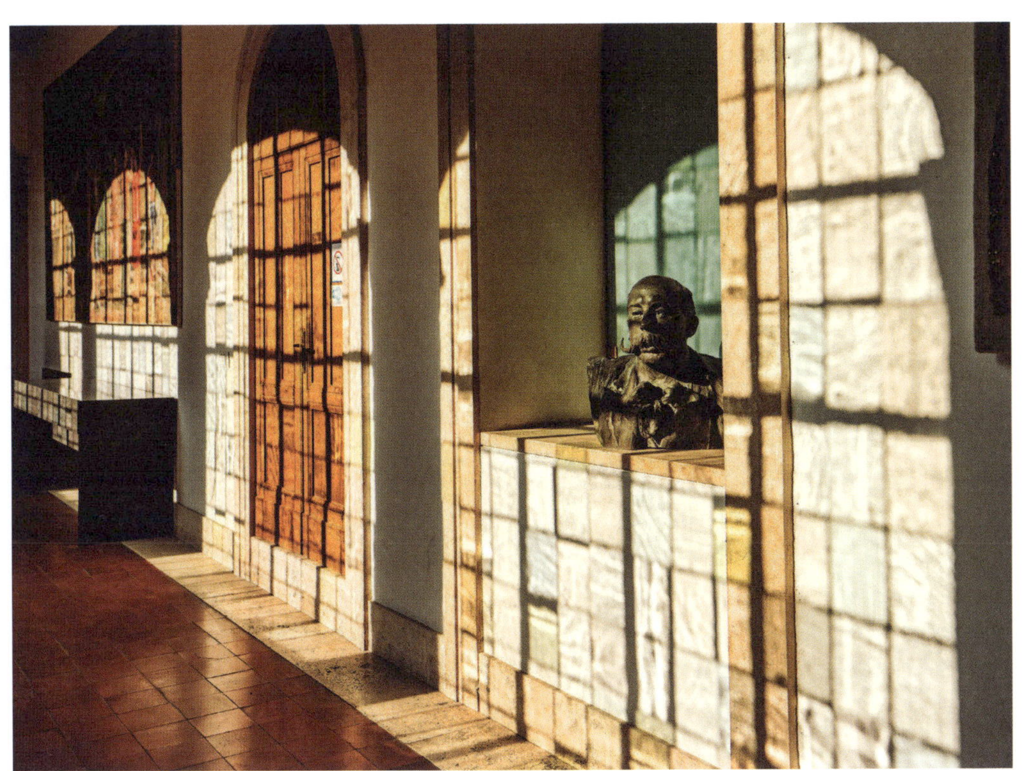

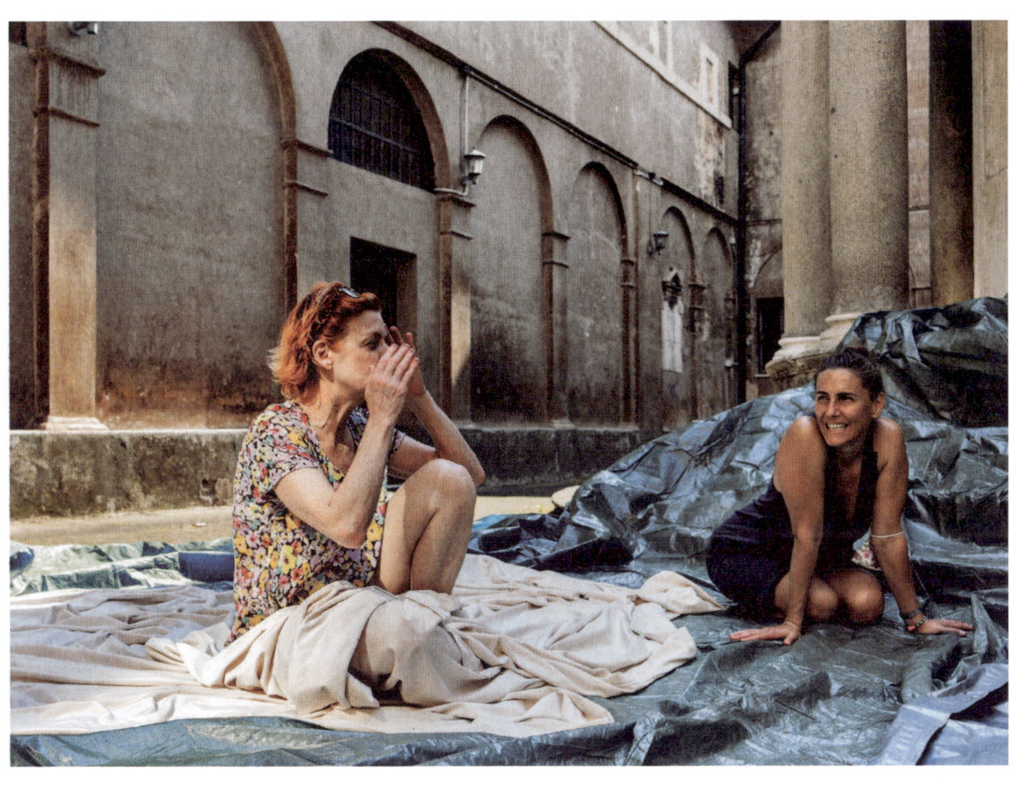

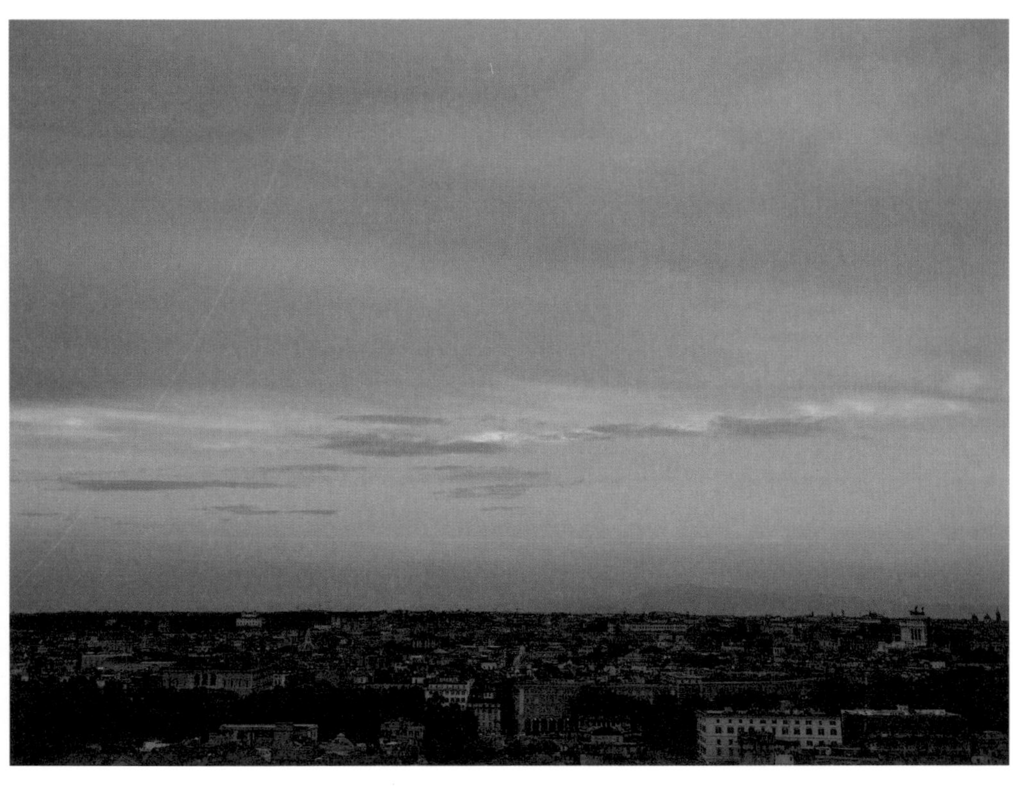

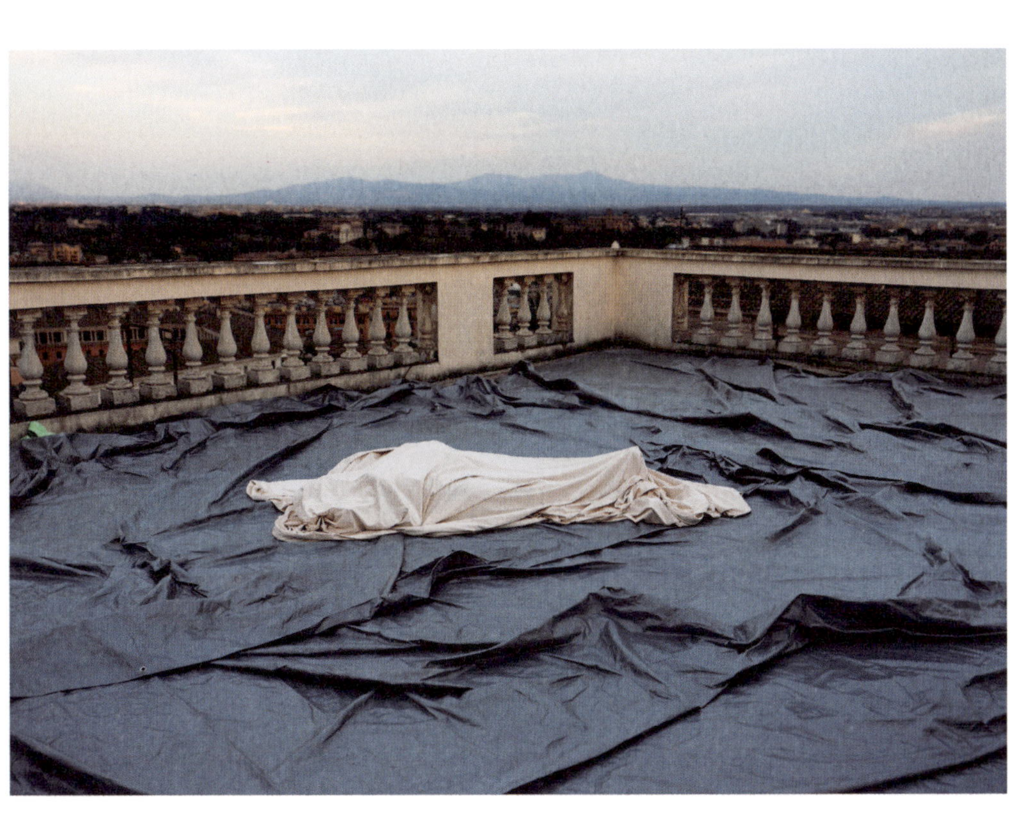

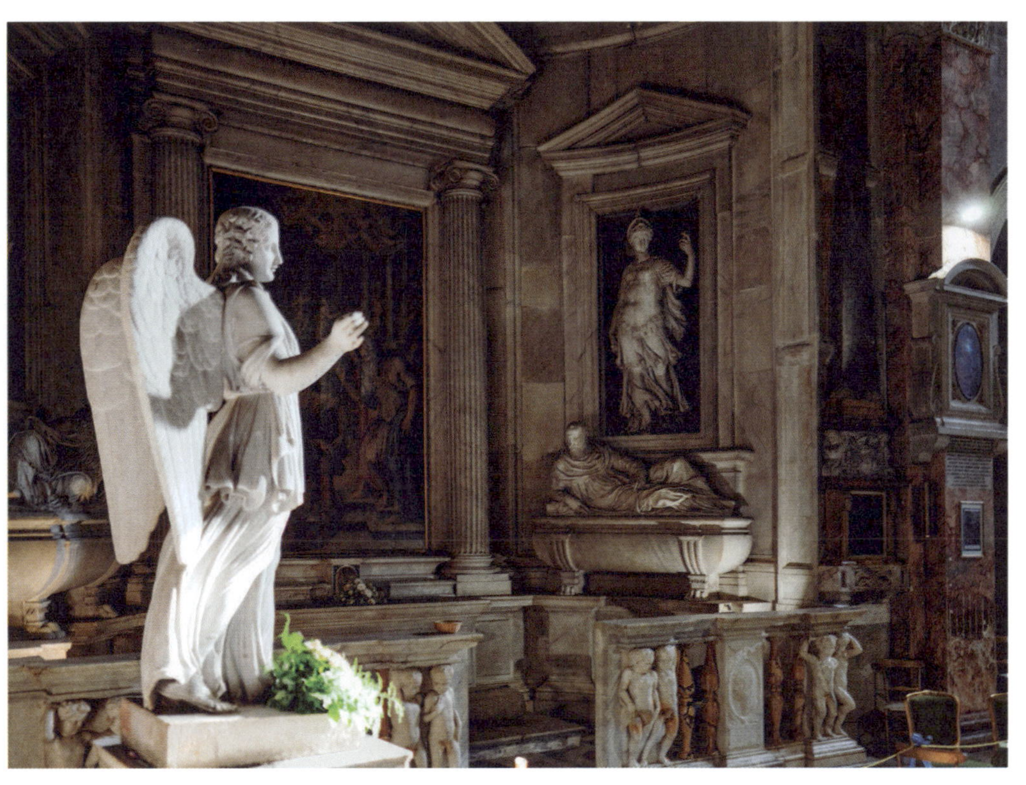

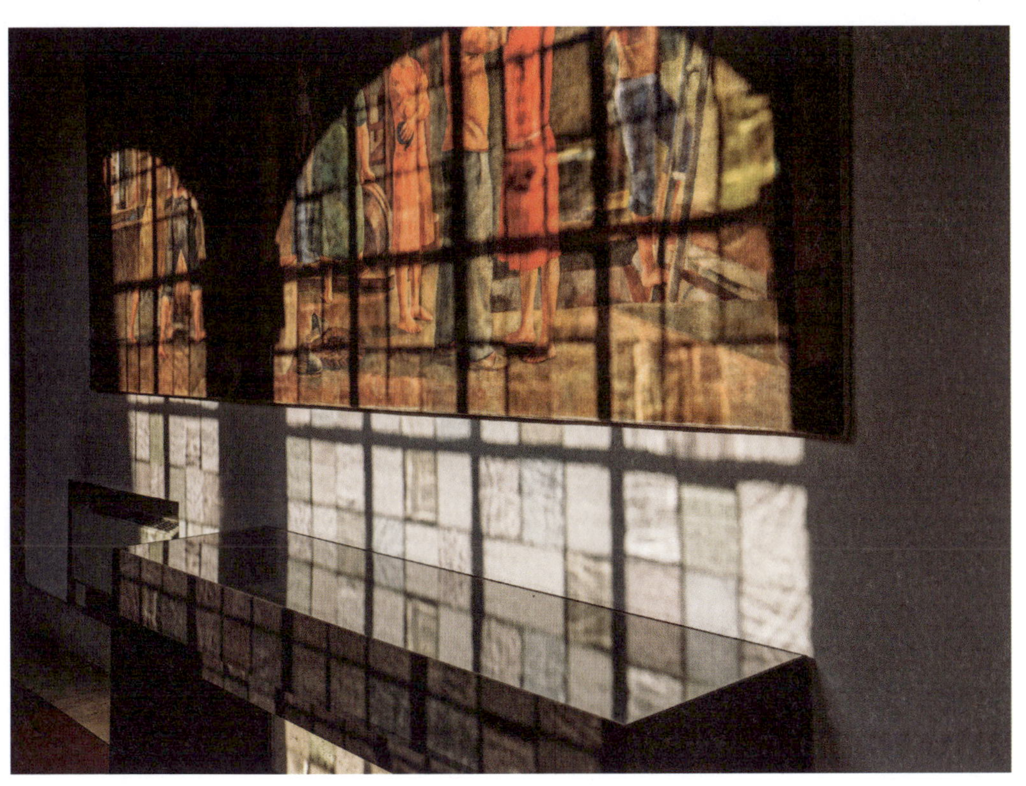

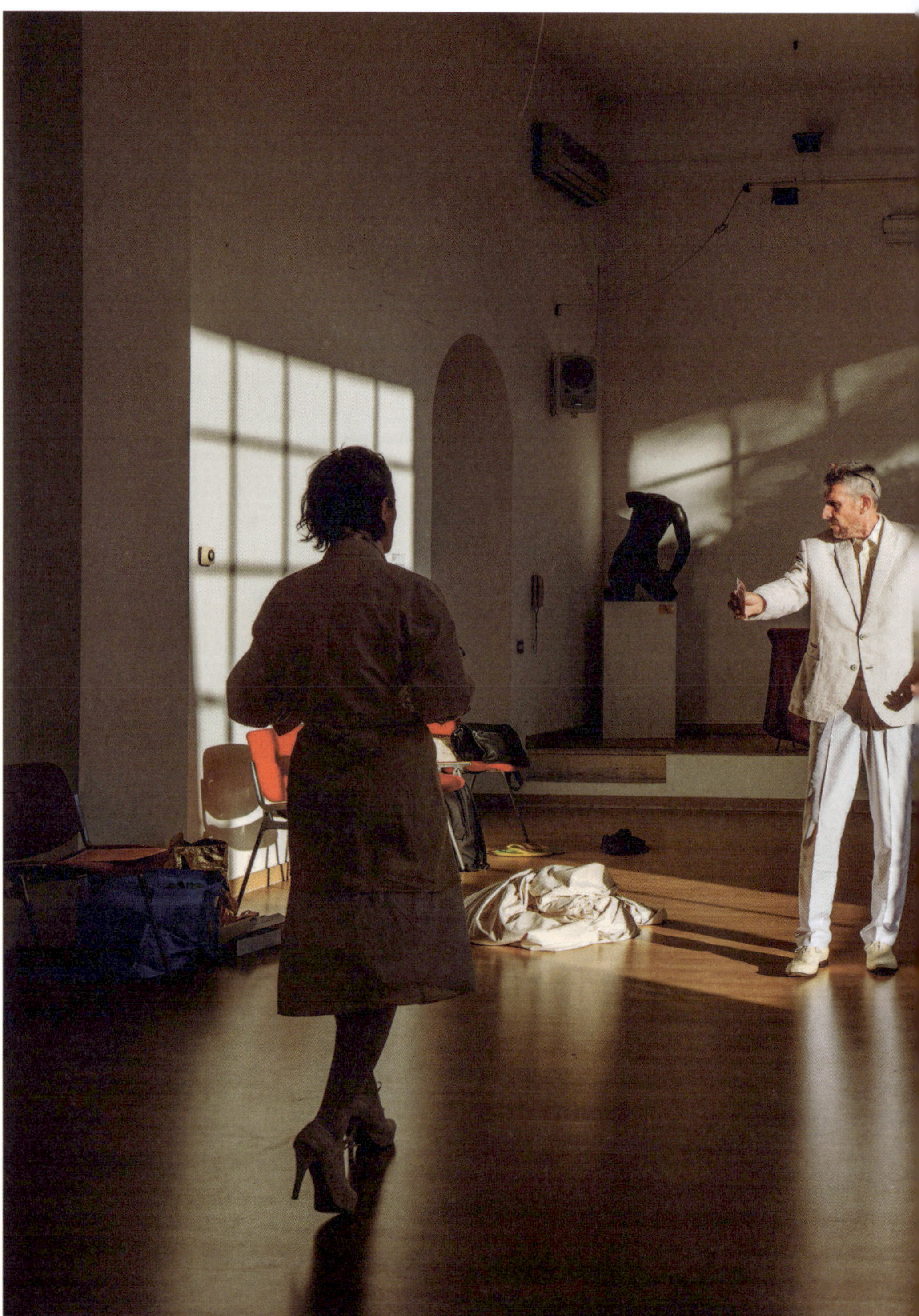

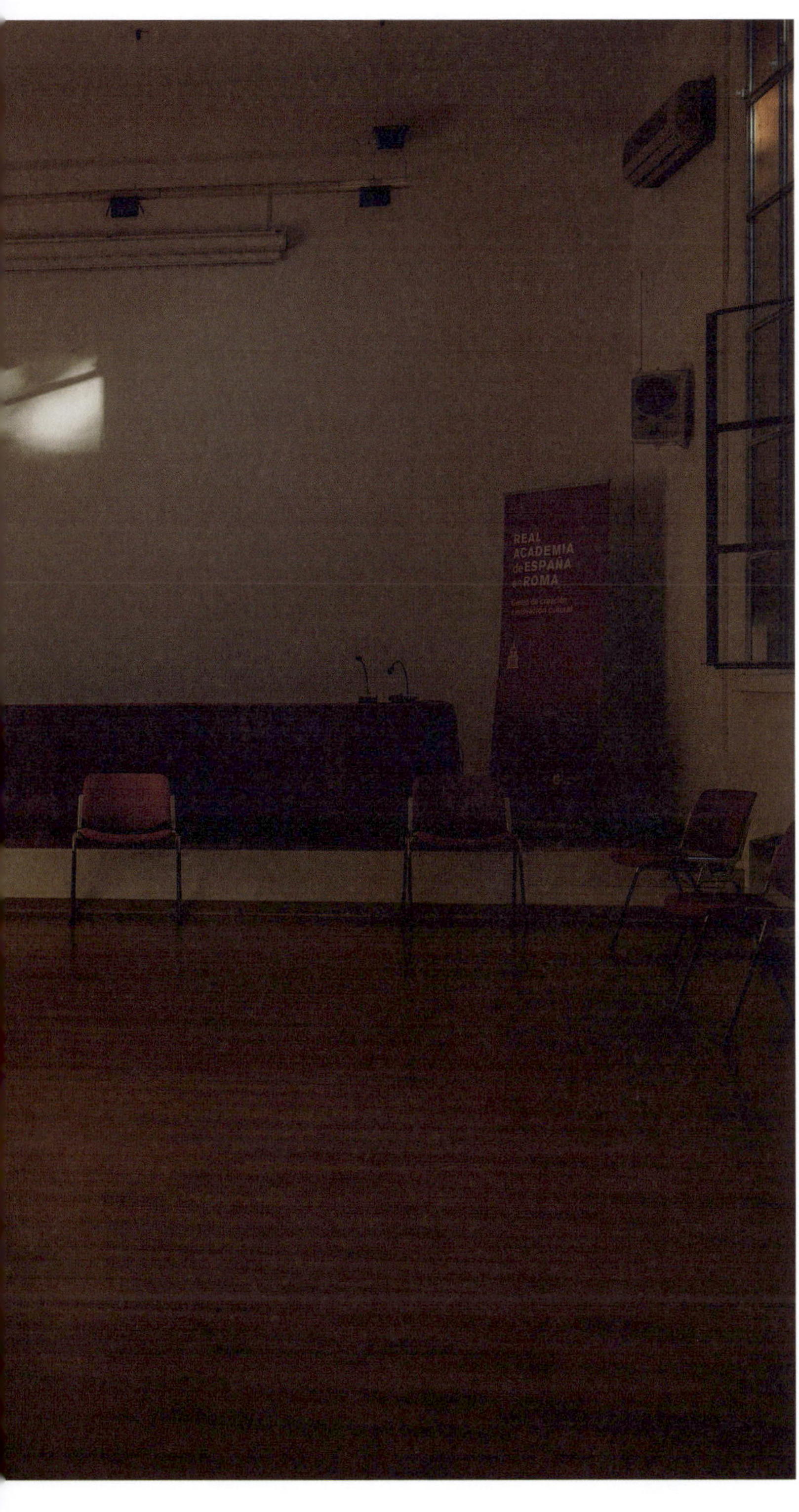
REAL
ACADEMIA
de ESPAÑA
en ROMA

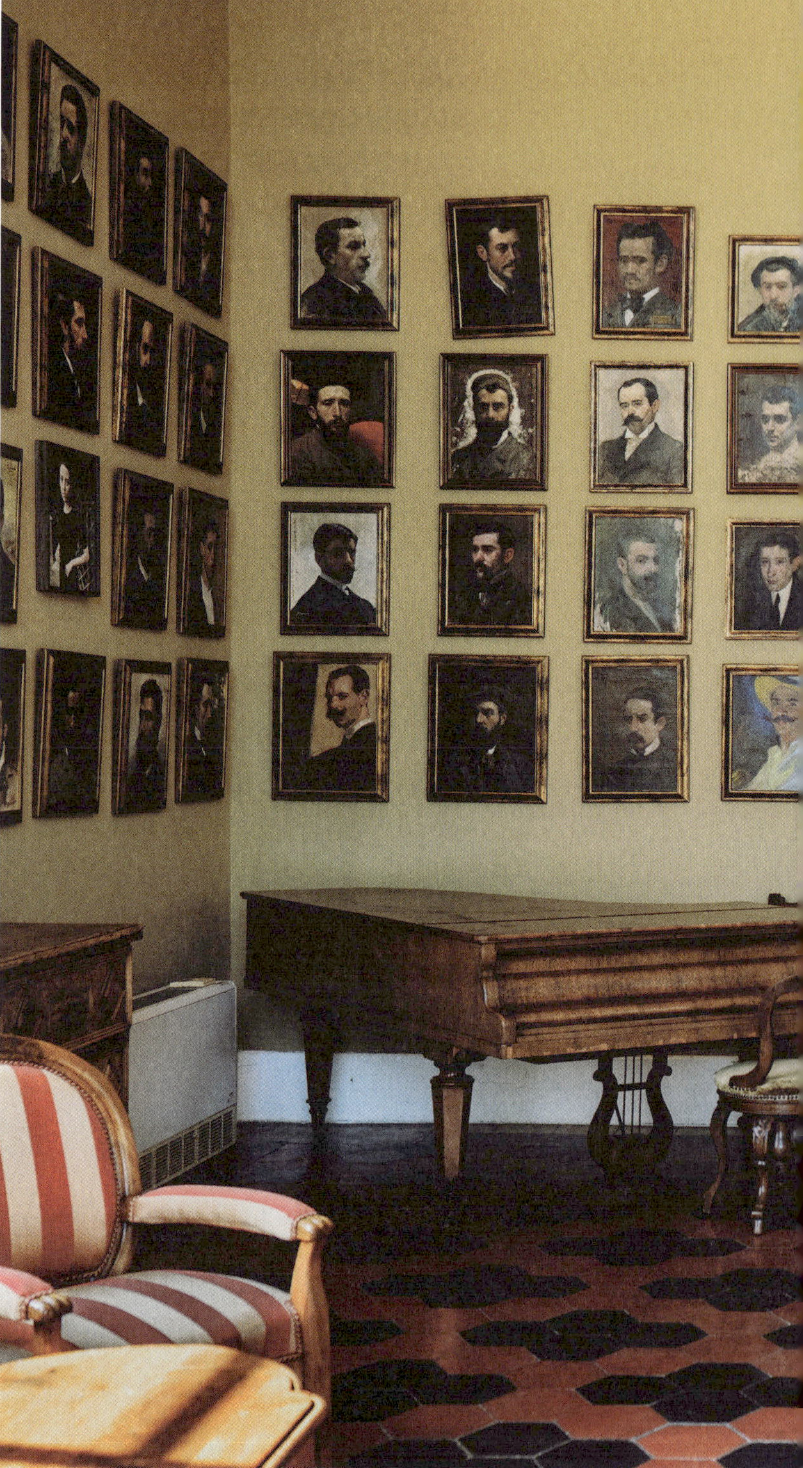

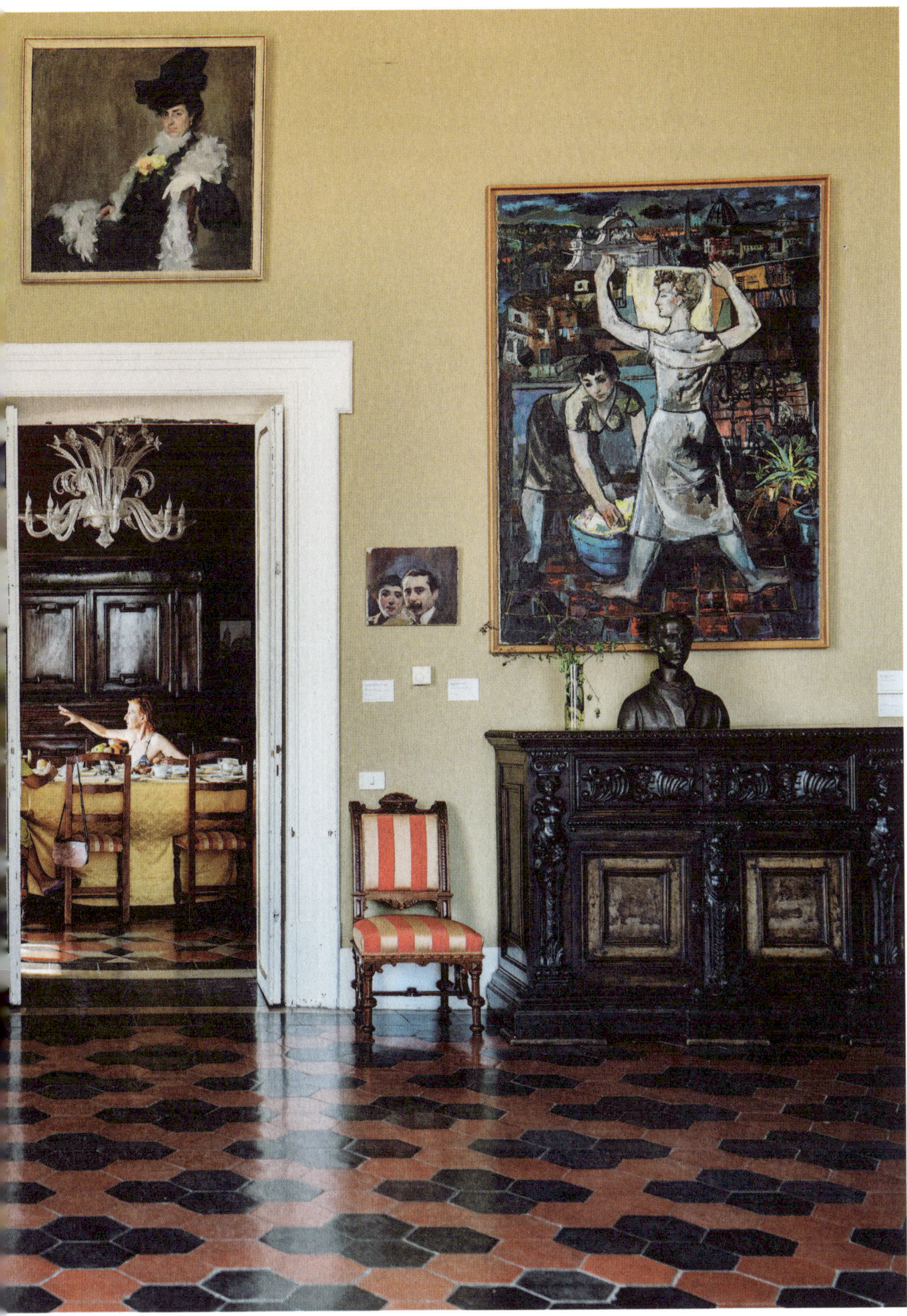

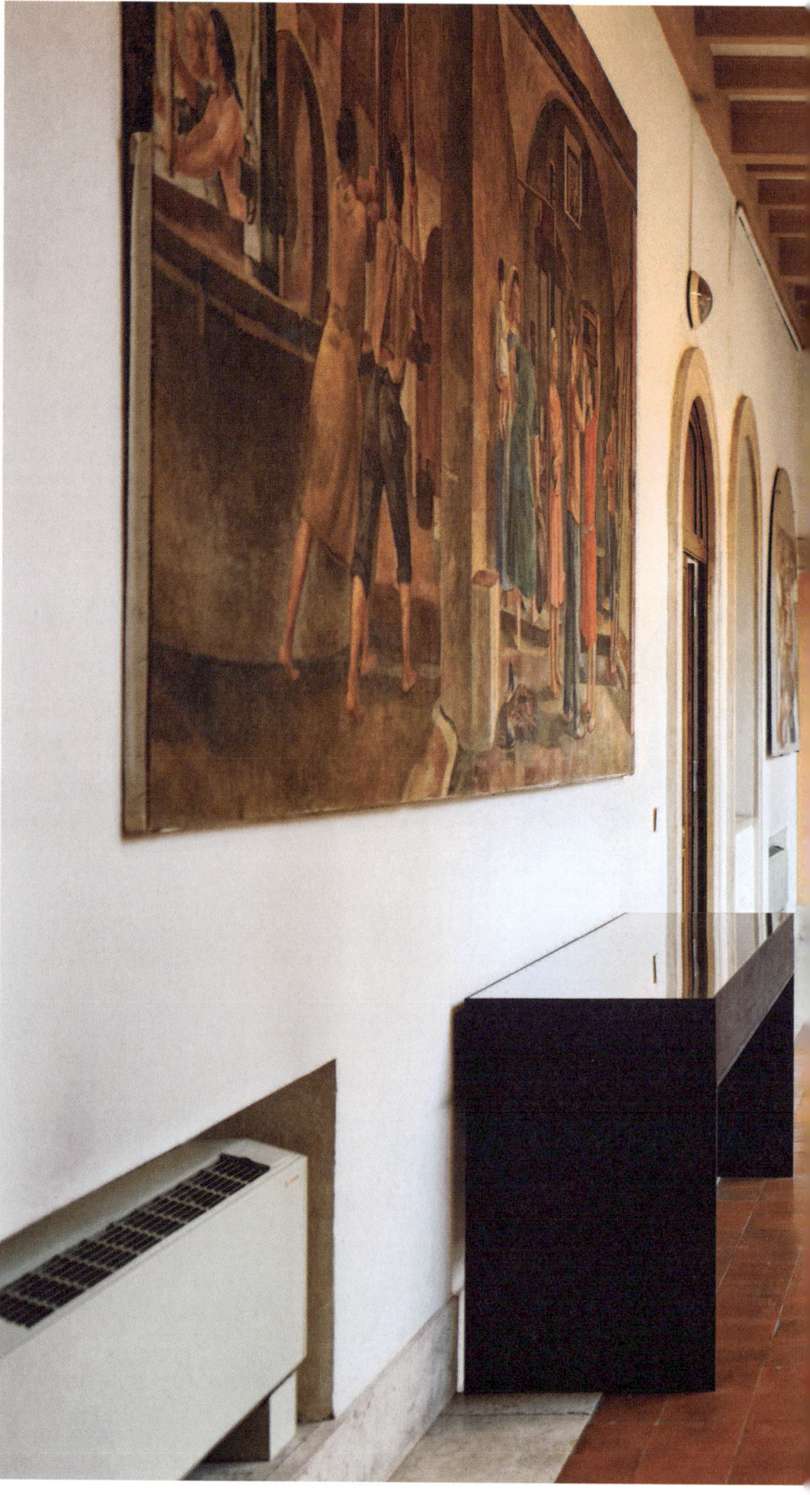

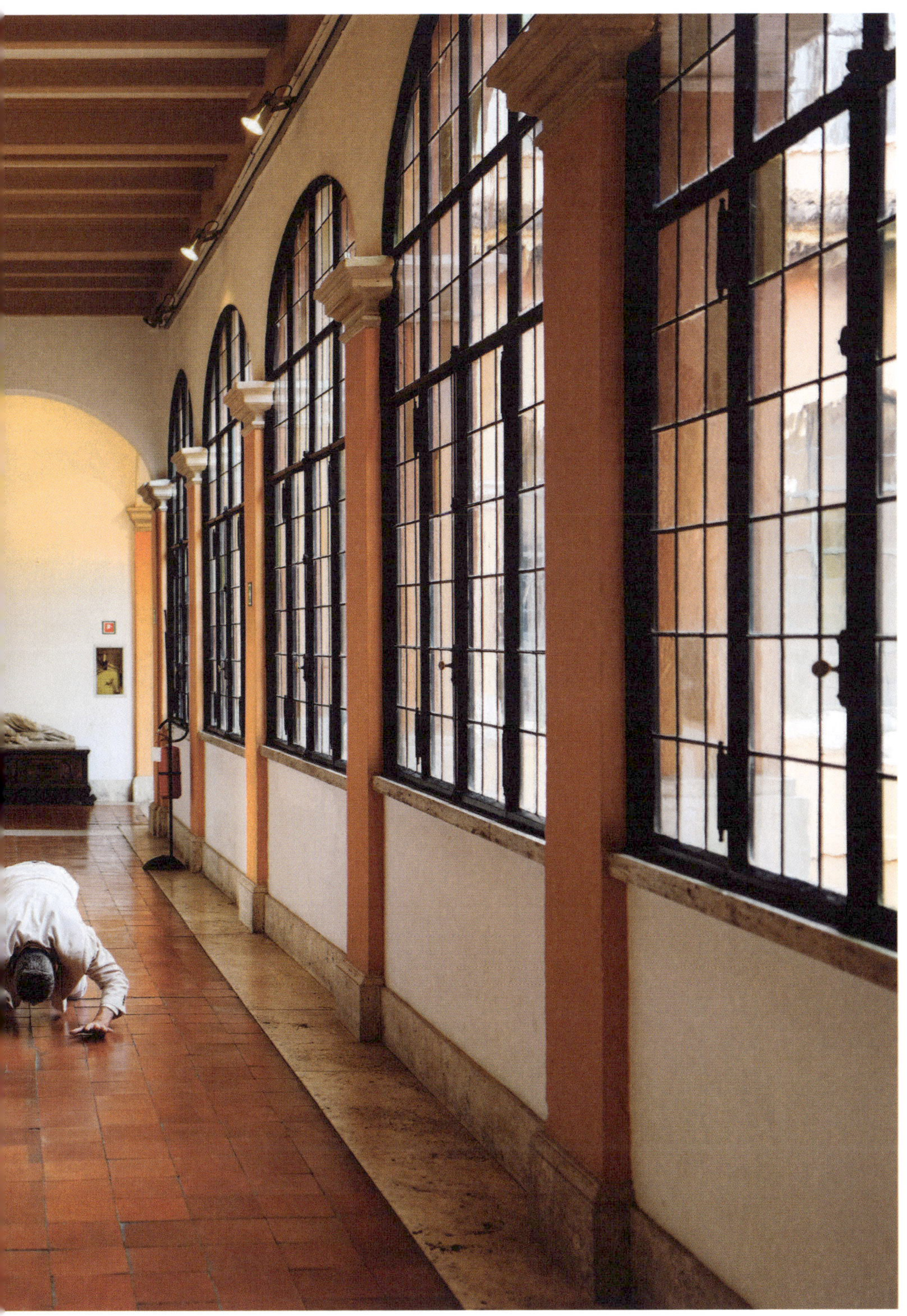

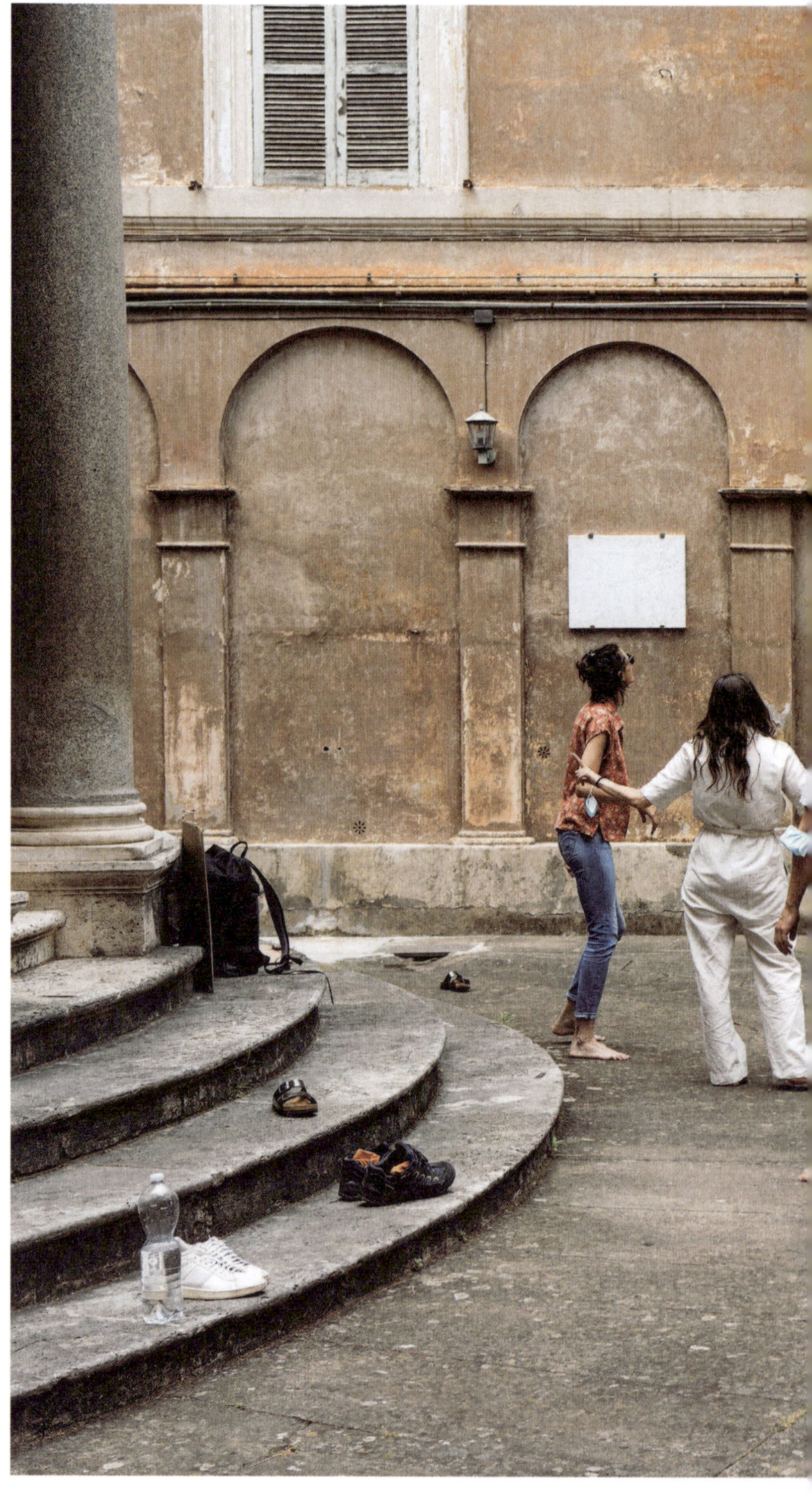

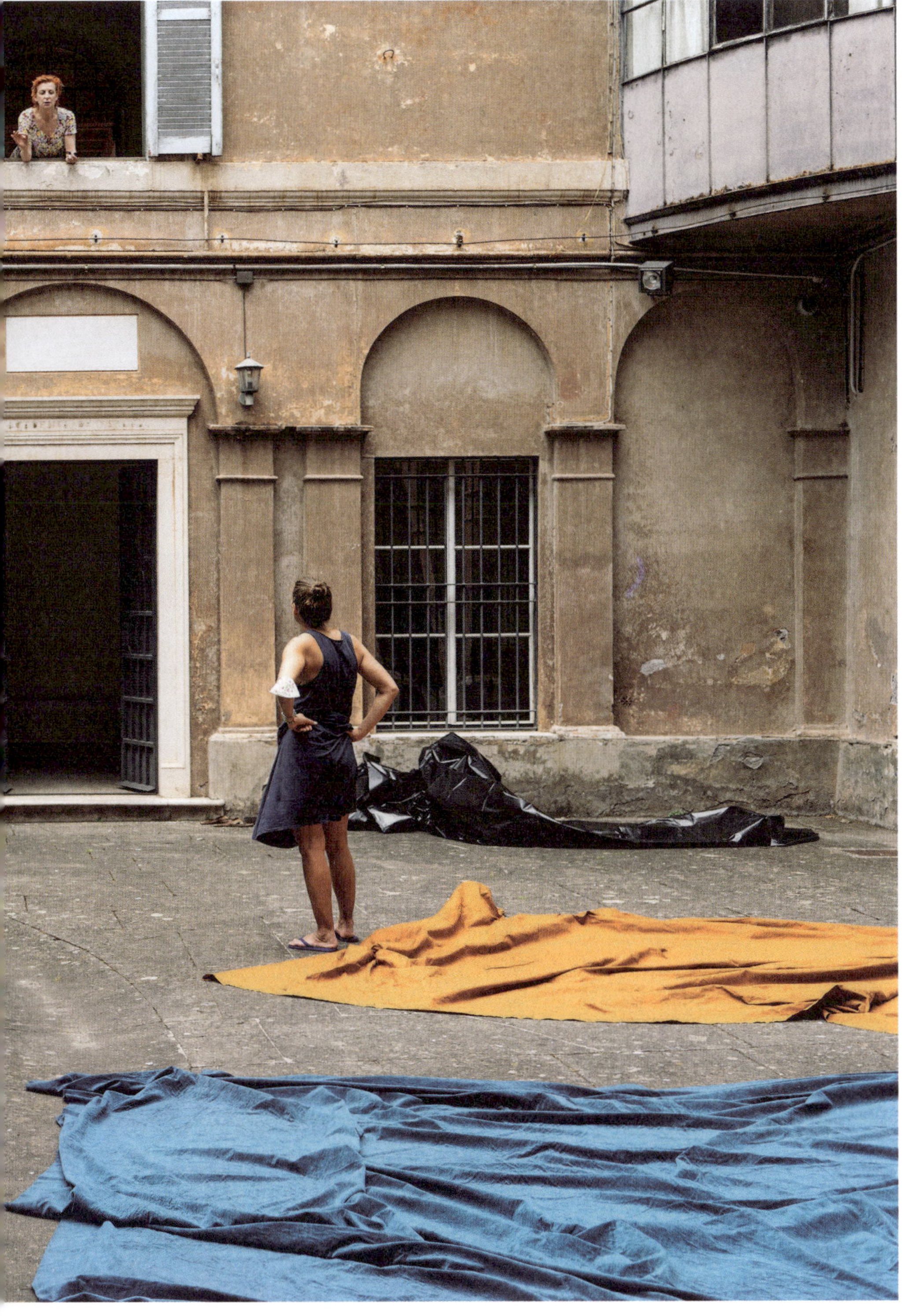

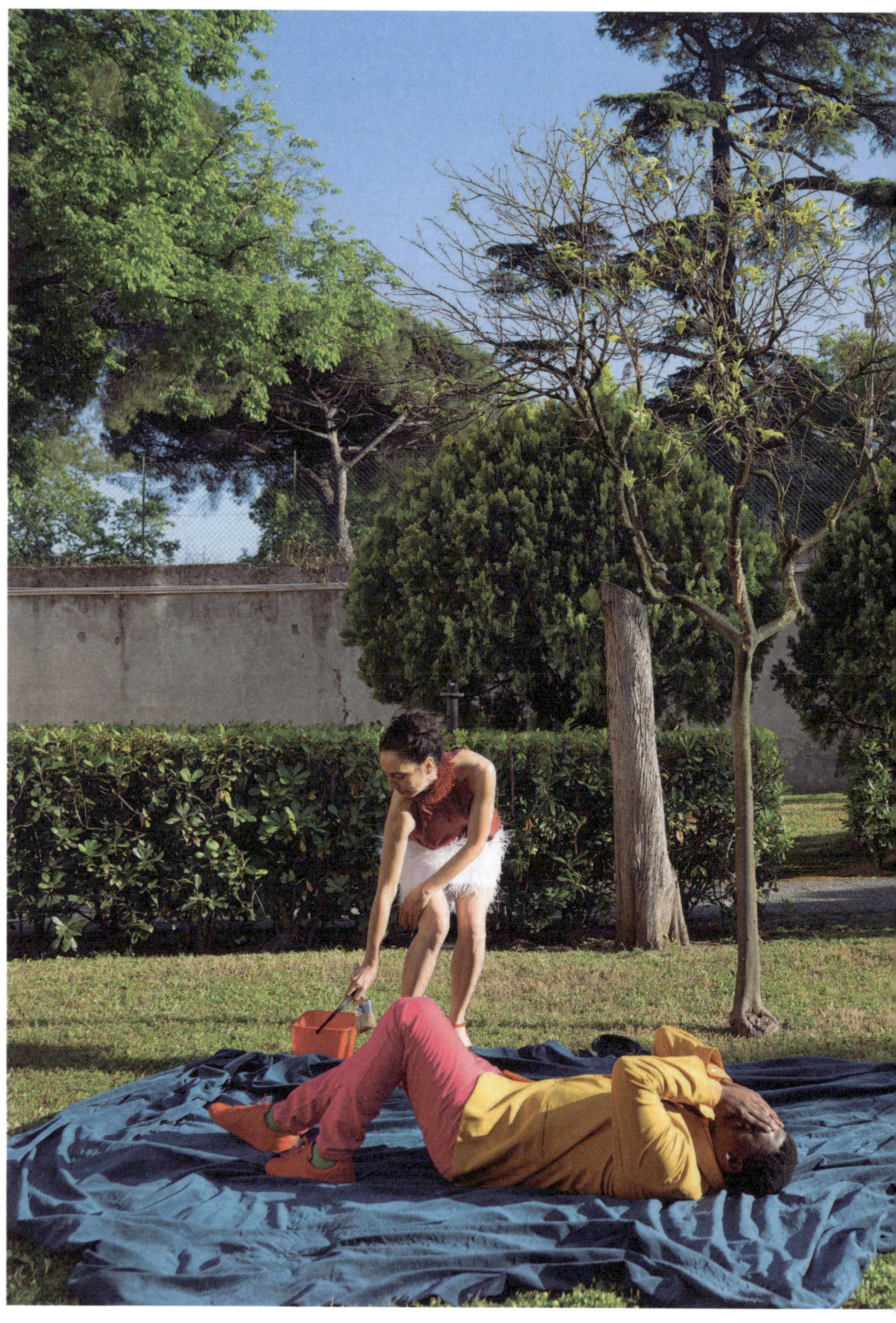

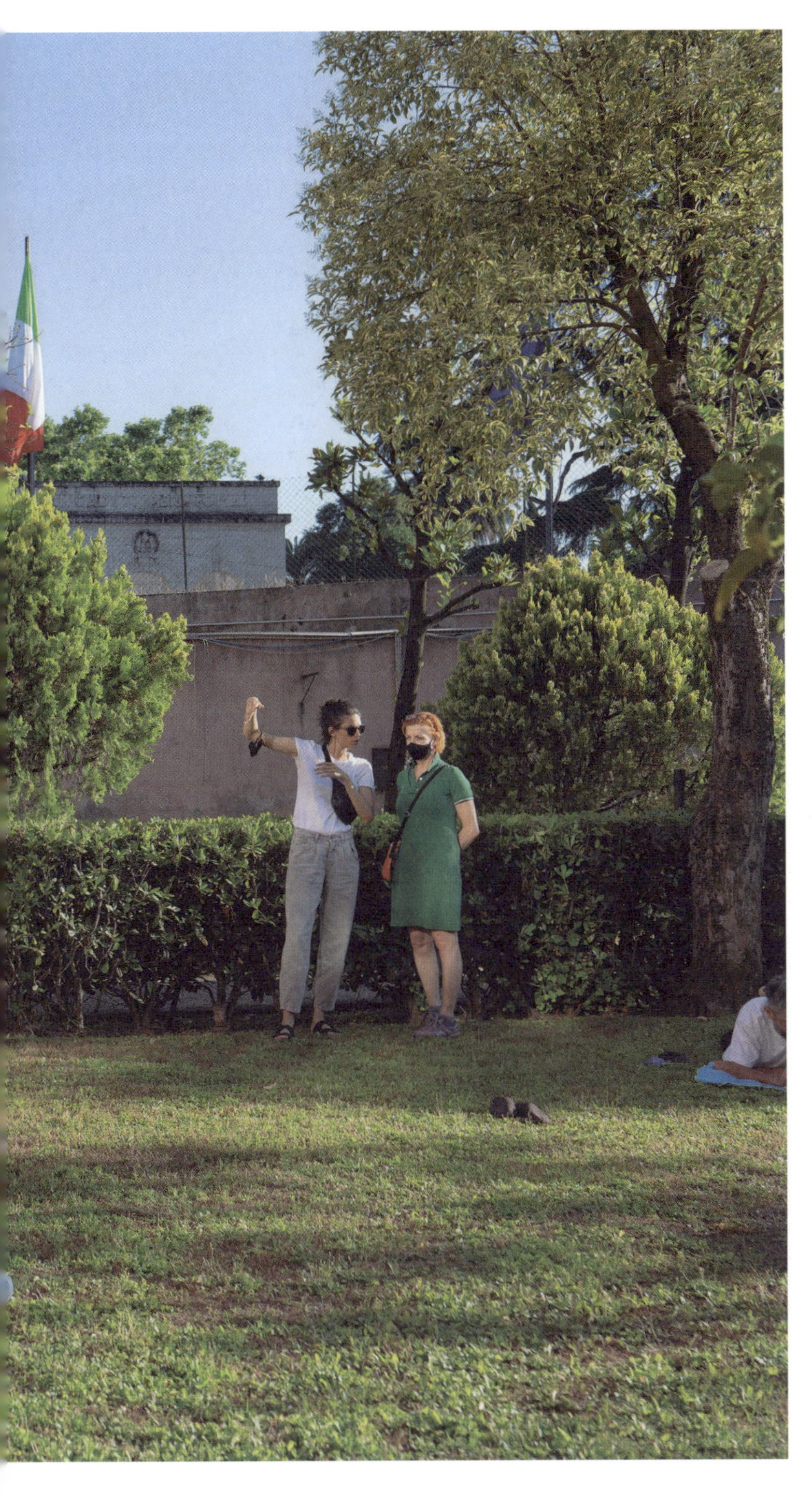

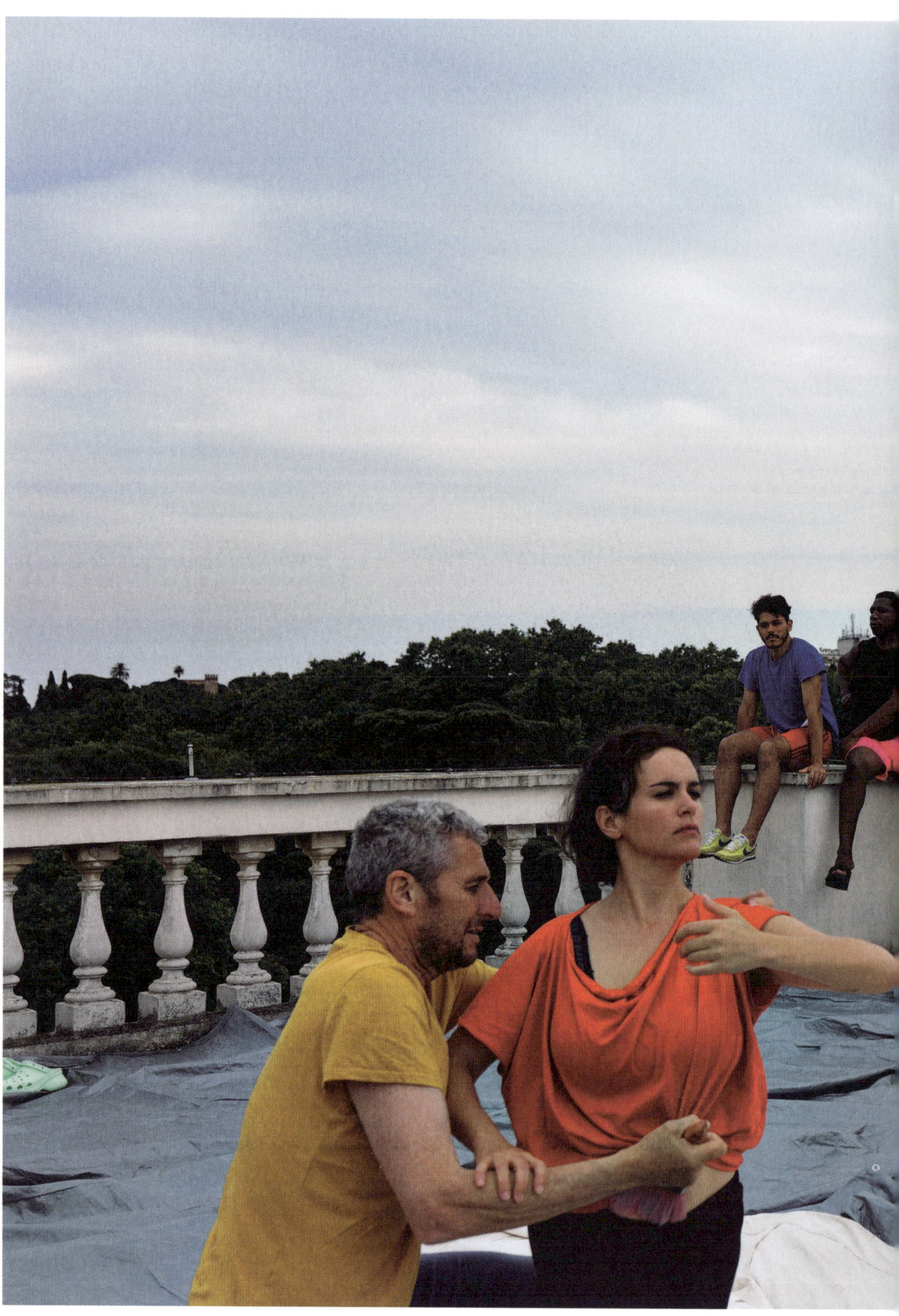

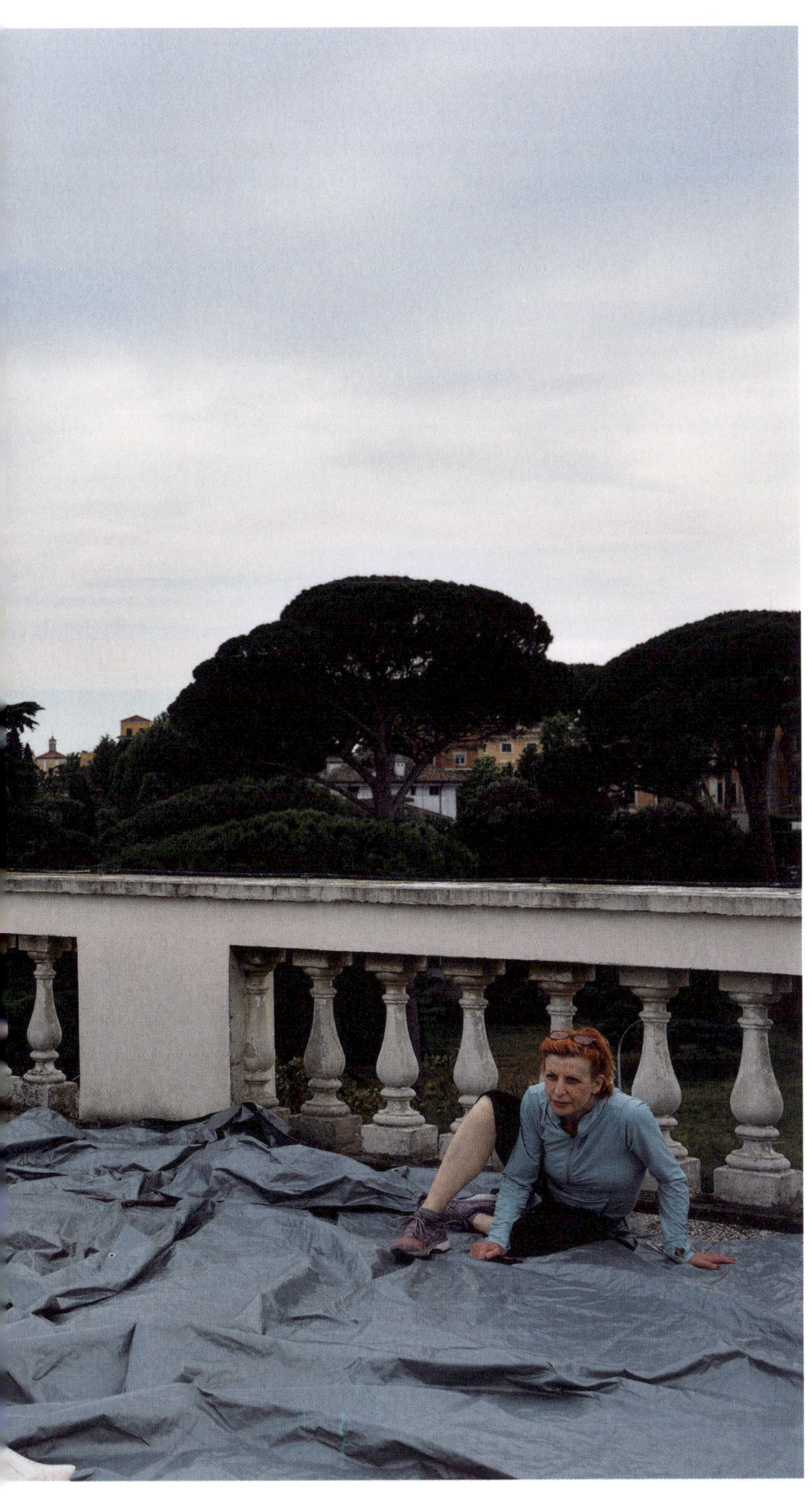

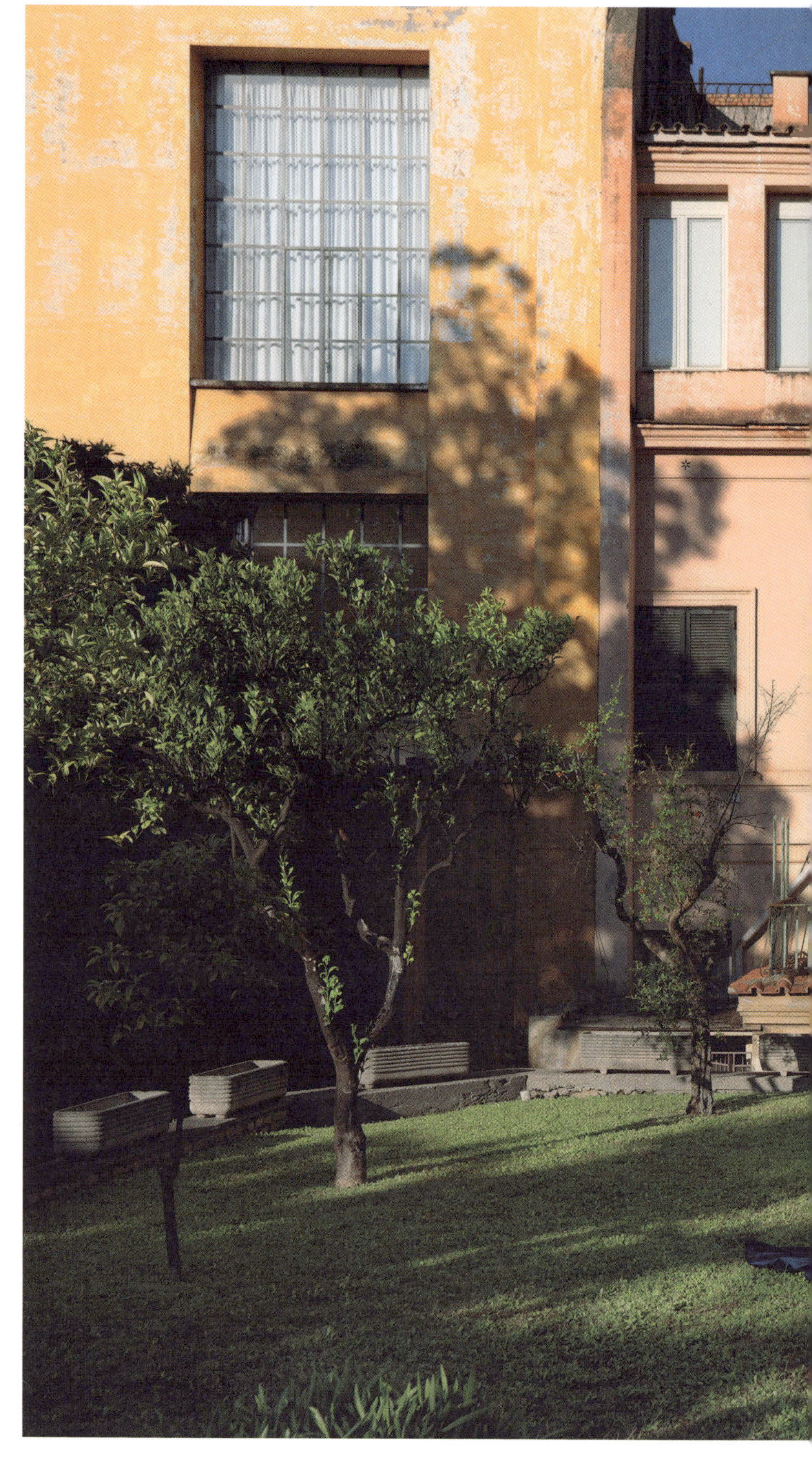

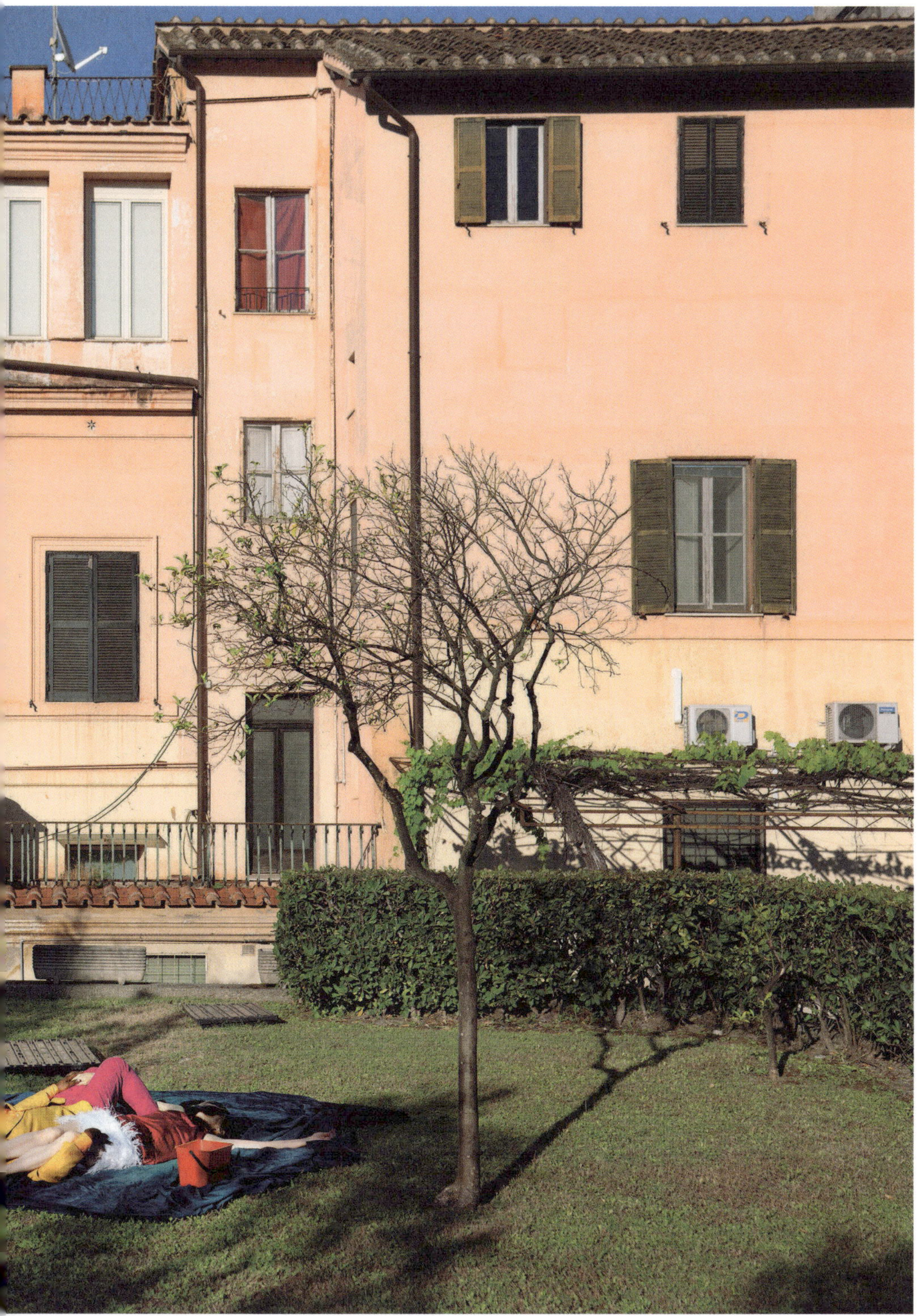

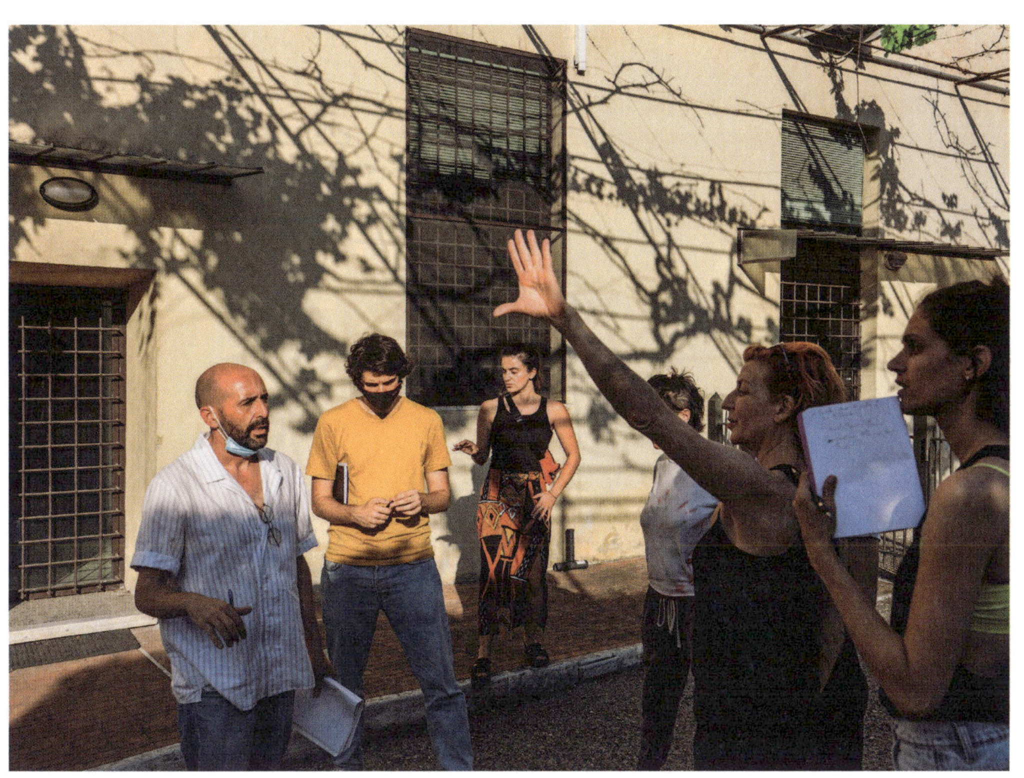

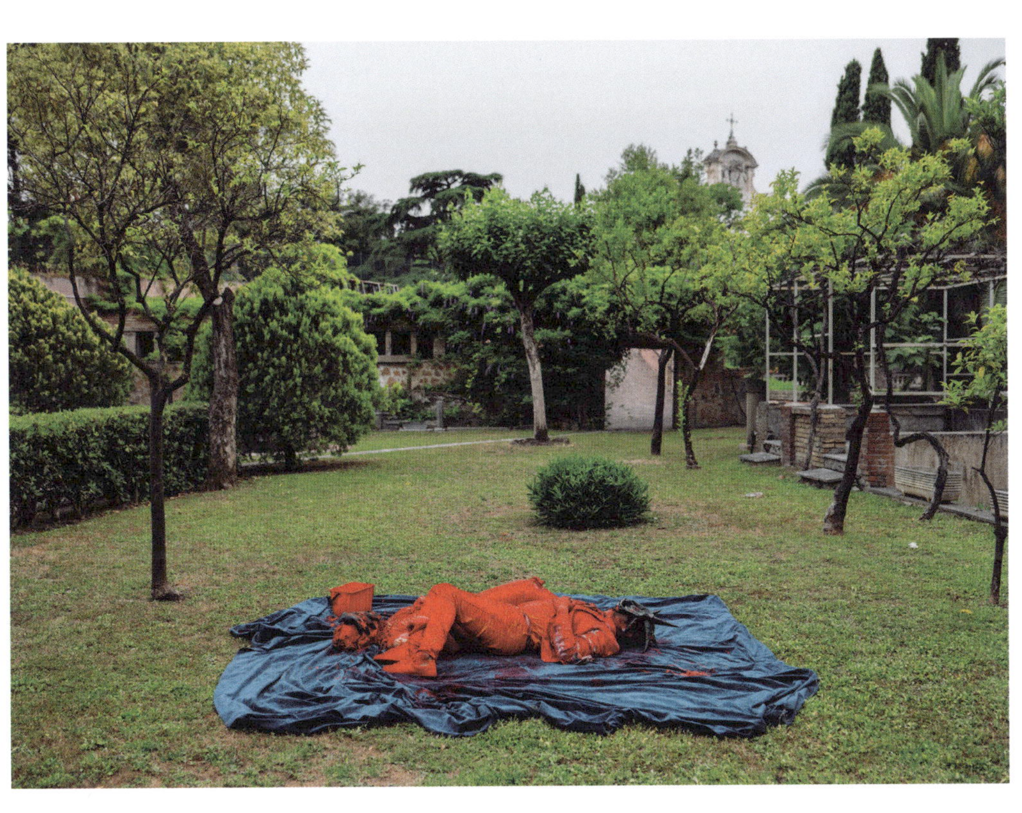

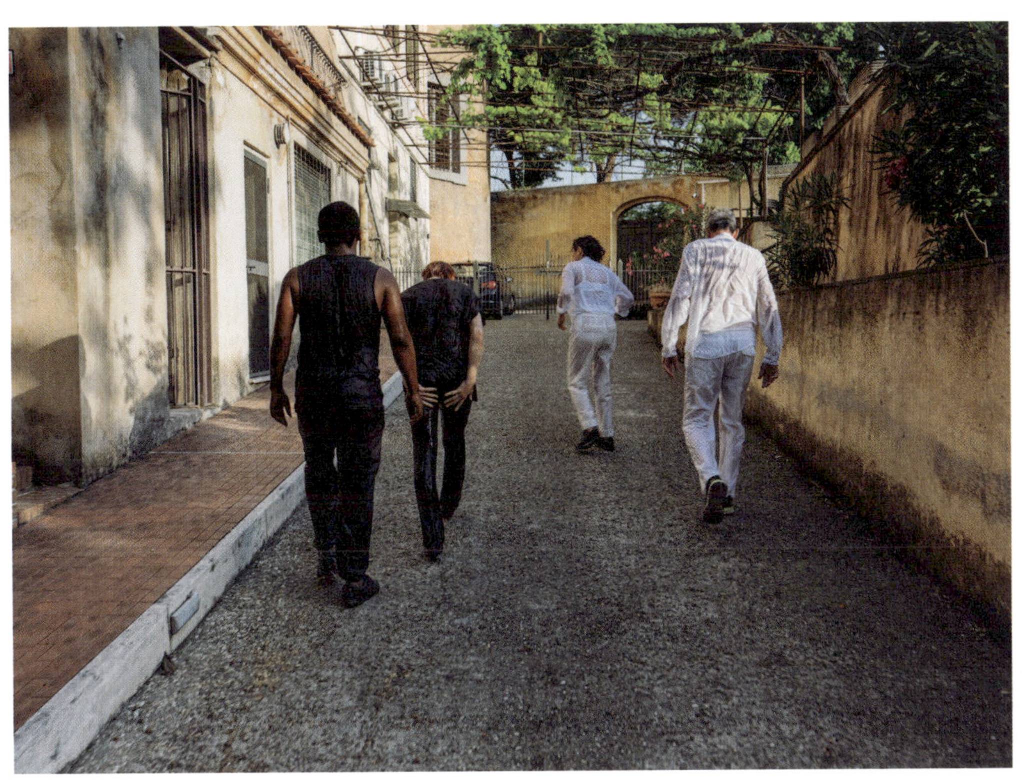

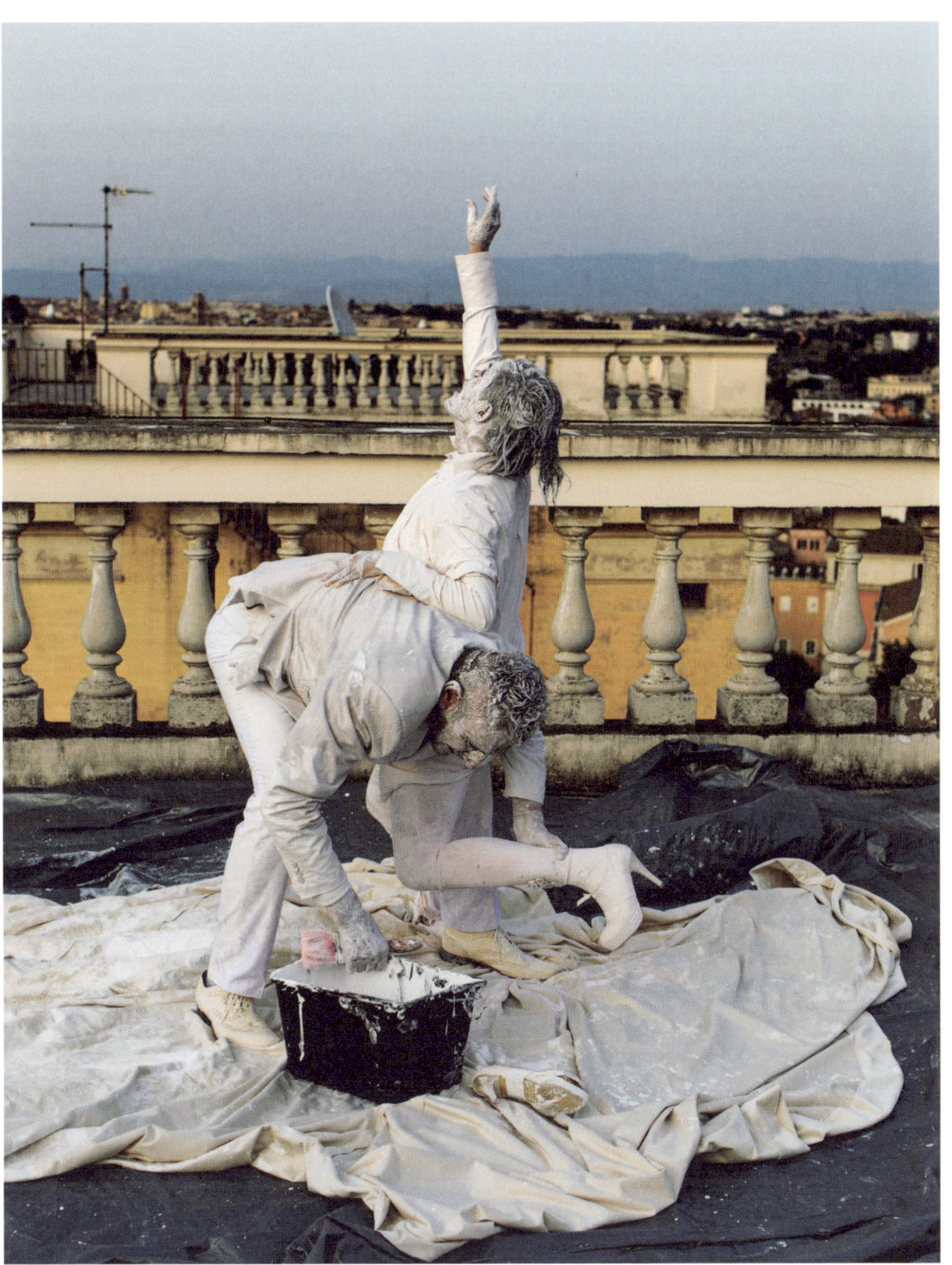

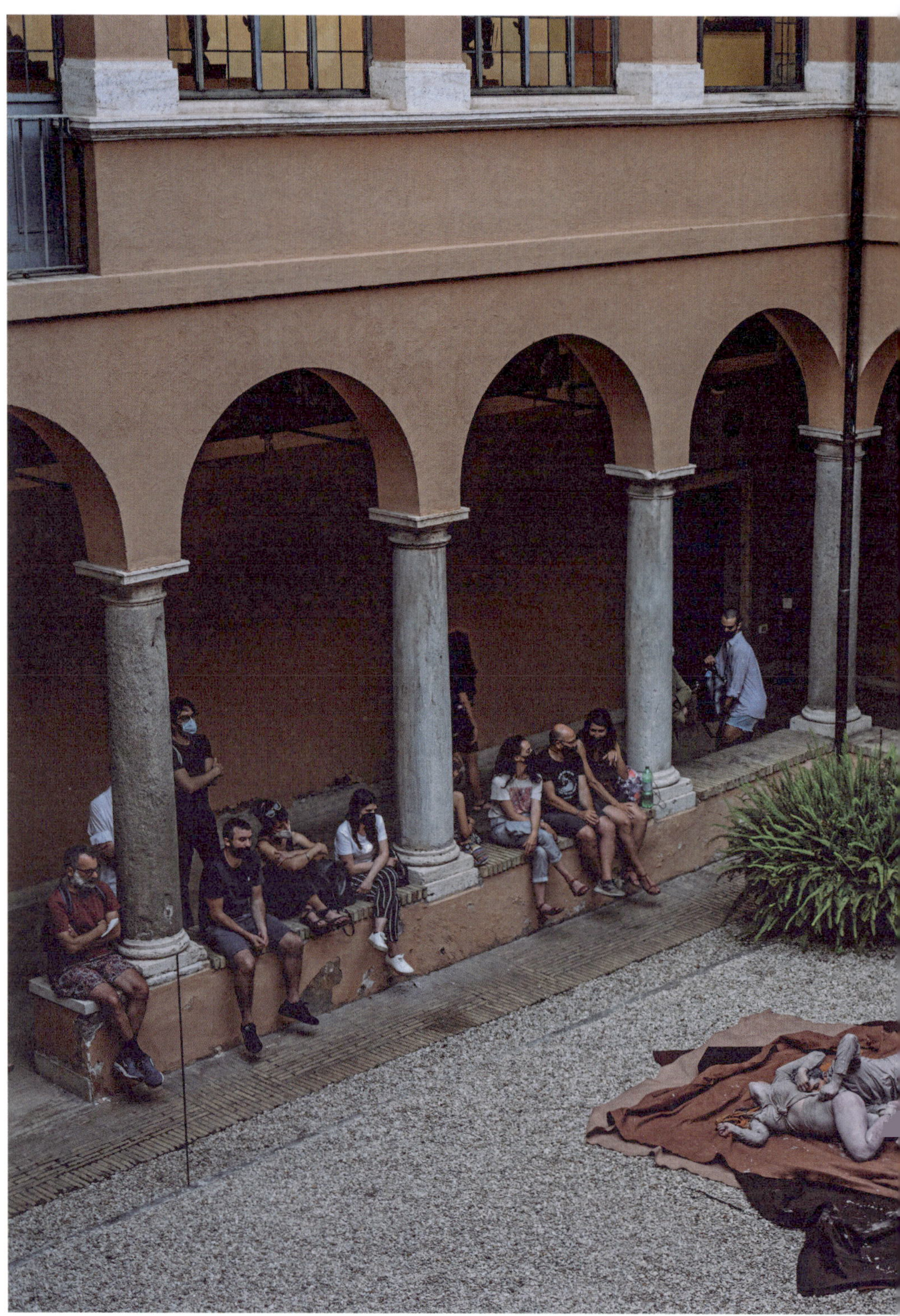

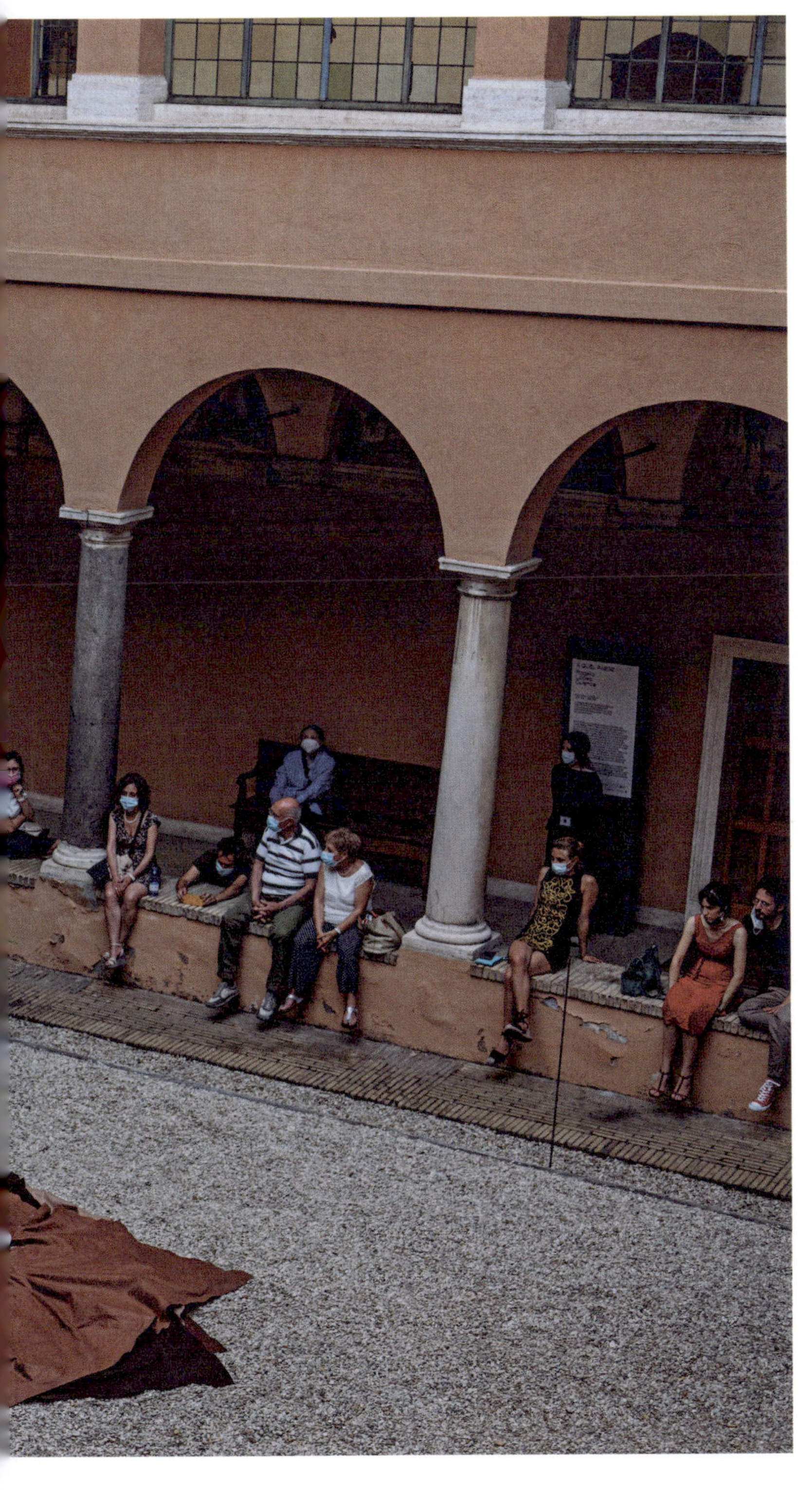

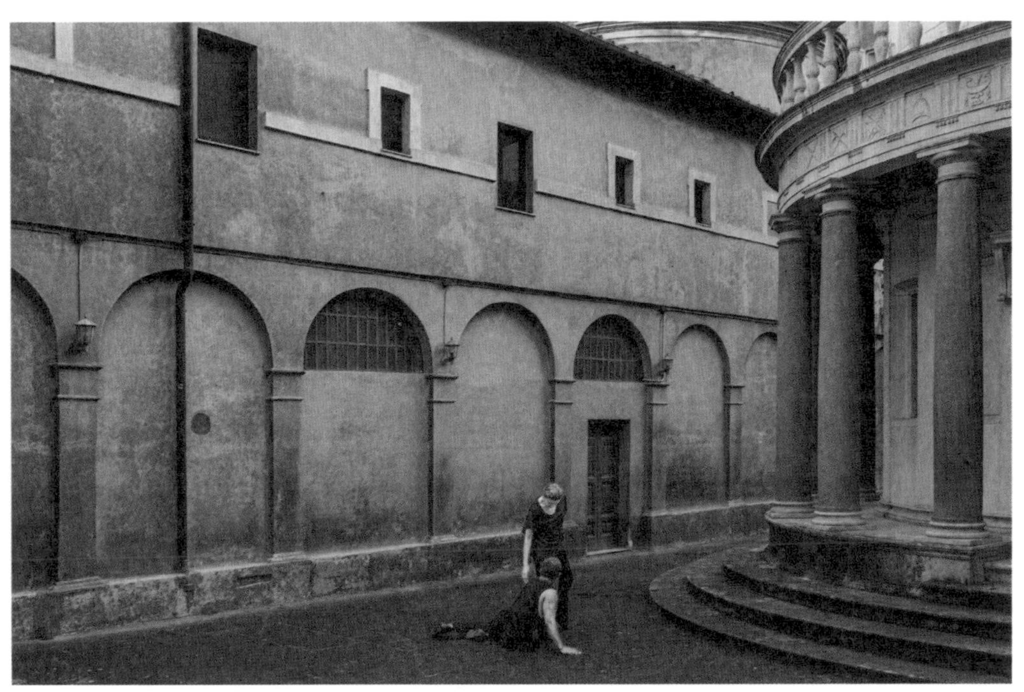

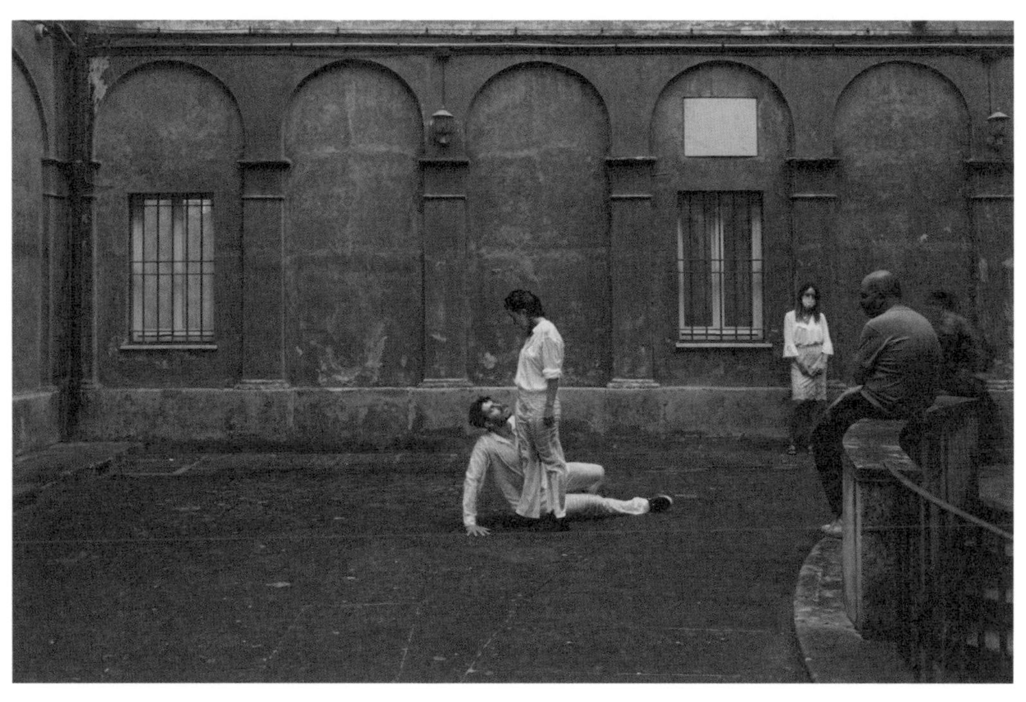

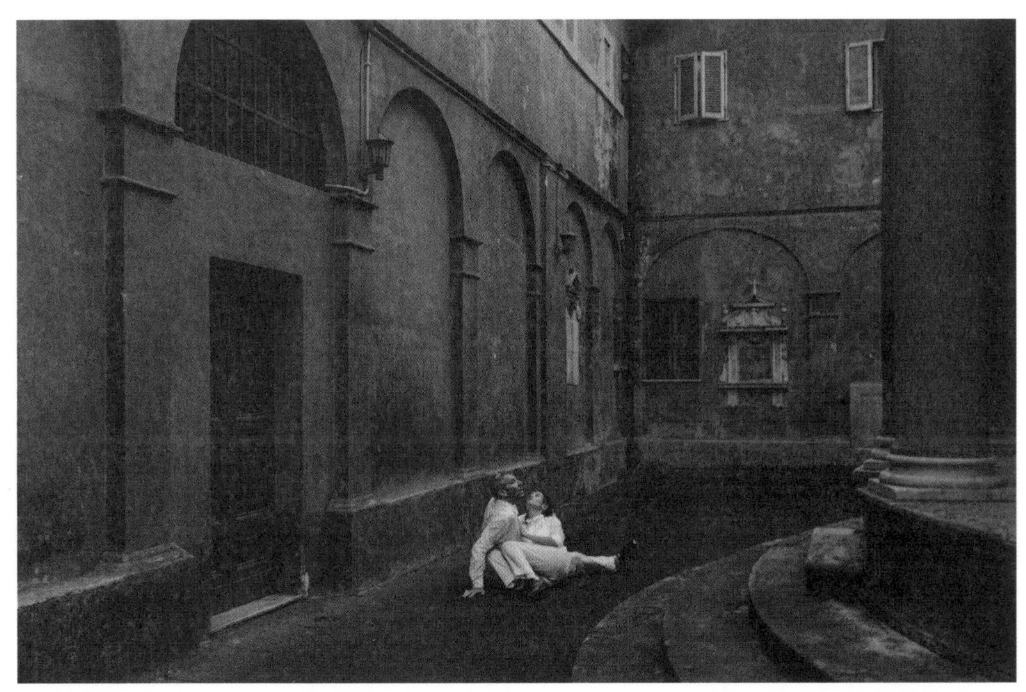

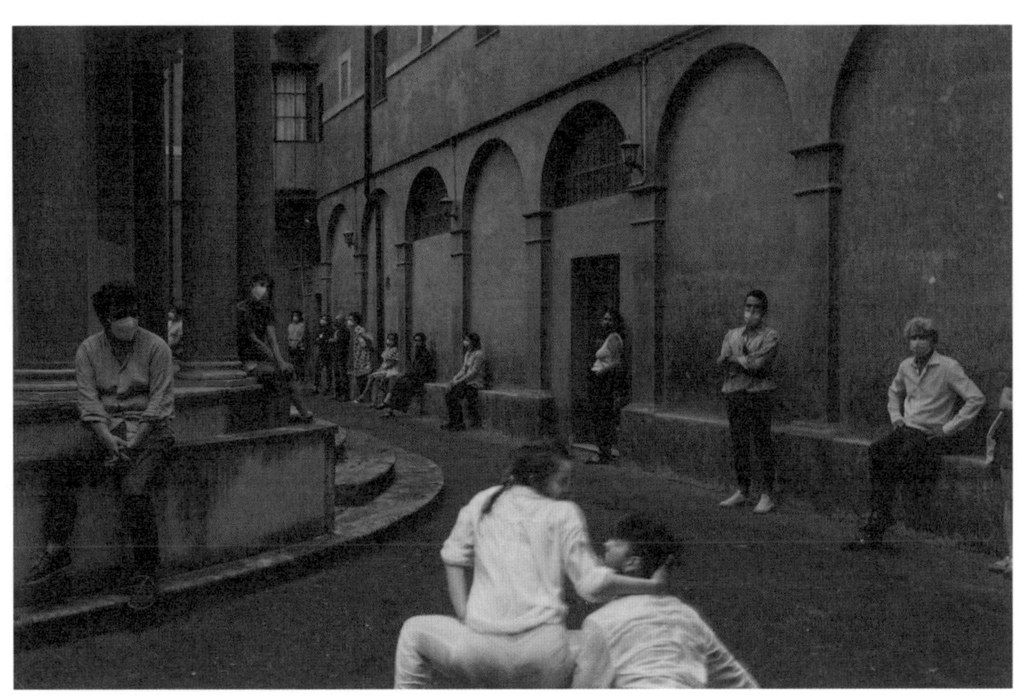

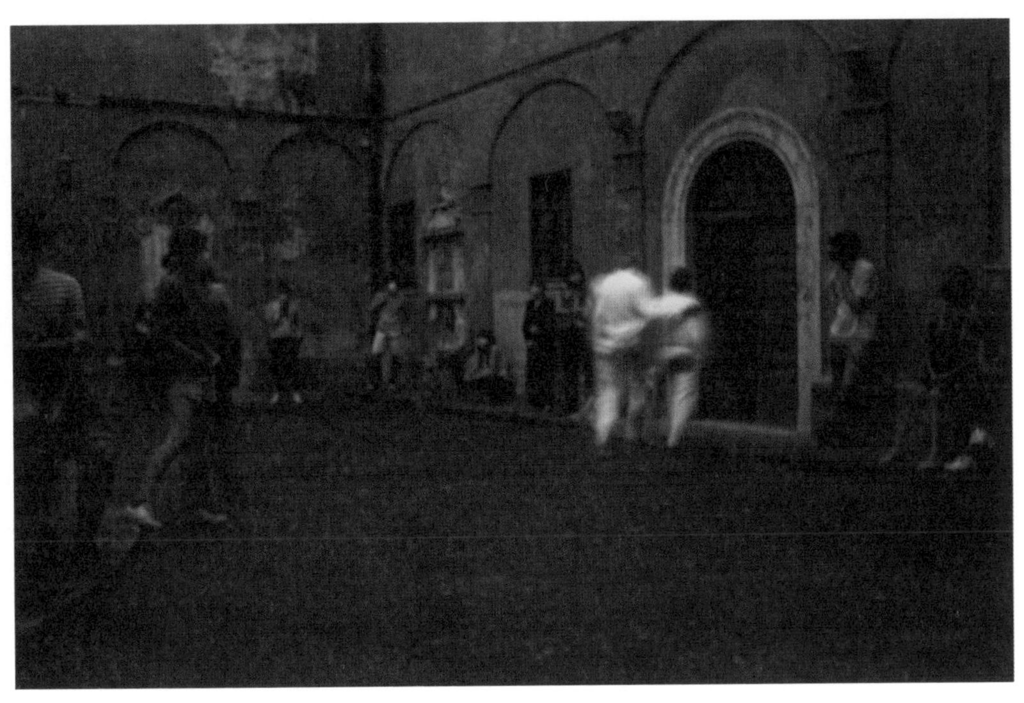

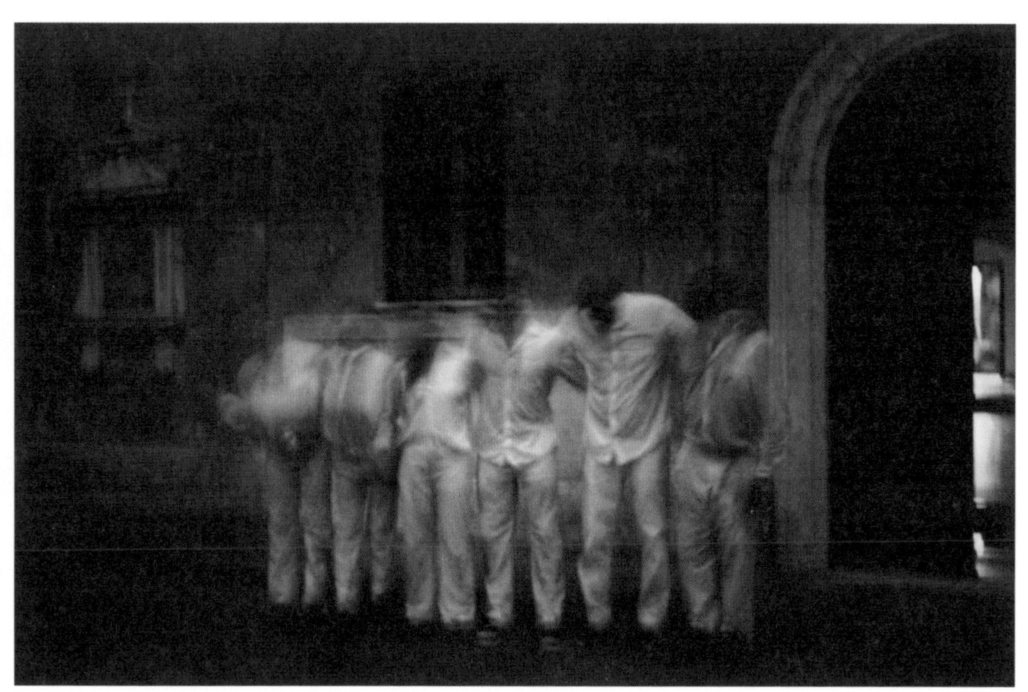

DISTINGUISHED ANYWAYS 2021
La Ribot

Real Academia de España en Roma / Reale Accademia
di Spagna a Roma / Royal Spanish Academy in Rome
19/06/2021 – 21/06/2021

Un proyecto de La Ribot para la Real Academia de España
en Roma y Acción Cultural AC/E en colaboración con el
Istituto Svizzero / Un progetto di La Ribot per la Reale
Accademia di Spagna a Roma e Acción Cultural AC/E,
in collaborazione con l'Istituto Svizzero / A project by La
Ribot for the Royal Academy of Spain in Rome and Acción
Cultural AC/E in collaboration with the Istituto Svizzero

Dirección artística / Direzione artistica / Art direction
La Ribot

Interpretado por / Interpretato da / Performed by
Piera Bellato, Martin Gil, Mathilde Invernon,
Juan Loriente, La Ribot, Thami Manekhela

Texto basado en el tratado de Vitruvio *De Architectura* /
Testo basato sul trattato *De Architectura* di Vitruvio /
Text based on Vitruvius's treatise *De Architectura*

Dramaturgo / Drammaturgo / Playwright
Jaime Conde

Diseño de vestuario / Design dei costumi /
Costume design
La Ribot

Confección de vestuario y diseño de atrezo /
Costumistica e design degli oggetti di scena /
Costume making and atrezo
Coralie Chauvin

Asistente técnico / Assistente tecnico /
Technical assistant
Patricio Gil Flood

Productores ejecutivos / Produttori esecutivi /
Exectutive producers
Aude Martino, Paz Santa Caecilia

Supervisor técnico / Supervisore tecnico /
Technical supervisor
Marie Predour

Gestión económica / Gestione economica /
Financial management
Gonzague Bochud

Comisariado por / A cura di / Curated by
Estrella de Diego

Pieza distinguida Nº45 (2016)
Intérpretes / Interpreti / Performers
La Ribot, Thami Manekhela

Pieza distinguida Nº55 – Amore mio
Intérpretes / Interpreti / Performers
Martin Gil, Mathilde Invernon

Pieza distinguida Nº57 – Poema redondo
Intérpretes / Interpreti / Performers
P. Bellato, M. Gil, M. Invernon, J. Loriente,
T. Manekhela, La Ribot

REAL ACADEMIA DE ESPAÑA EN ROMA / REALE
ACCADEMIA DI SPAGNA A ROMA / ROYAL SPANISH
ACADEMY IN ROME

Coordinación general / Coordinamento generale /
General coordination
M.ª Ángeles Albert, Estrella de Diego

Performance

Coordinación general del proyecto en Roma /
Coordinamento generale del progetto a Roma /
General coordination of the project at Rome
Miguel Cabezas

Apoyo coordinación del proyecto en Roma / Supporto al
coordinamento generale del progetto a Roma / Support
general coordination of the project at Rome
Arturo Ruiz

Gestión cultural y coordinación de proyectos /
Gestione culturale e coordinamento dei progetti /
Cultural management and project coordination
Margarita Alonso
María Nadal
Cristina Redondo

Gestión económica / Gestione economica /
Financial management
María Luisa Sánchez
Silvia Serra
Brenda Zúñiga

Prensa y comunicación / Stampa e comunicazione /
Press and comunication
Alessandro Gambino

Publicación / Pubblicazione / Publication

Coordinación editorial / Coordinamento editoriale /
Editorial coordination RAER
Miguel Cabezas

Apoyo a la coordinación editorial / Supporto al
cordinamento editoriale / Support for editorial
coordination RAER
Álvaro López-Quesada

Coordinación editorial / Coordinamento editoriale /
Editorial coordination AECID
Héctor J. Cuesta Romero

Coordinación editorial / Coordinamento editoriale /
Editorial coordination TURNER
Laura Estévez

Gestión económica / Gestione económica /
Financial management
María Luisa Sánchez
Silvia Serra
Brenda Zúñiga

Diseño / Design / Design
underbau

Traducción / Traduzione / Translation
Elisa Tramontin
Catherine Phelps
Laura Suffield

Producción / Produzione / Production
TURNER

Las fotografías del proyecto han sido realizadas por /
Le fotografie del progetto sono state scattate da /
The photographs of the project were taken by
Christian Lutz

Real Academia de España en Roma
Piazza San Pietro in Montorio, 3
00153 Roma (Gianicolo)
+39 06 581 28 06
info@accademiaspagna.org
www.accademiaspagna.org

Catálogo general de publicaciones oficiales
http://publicacionesoficiales.boe.es

Agradecimientos / Riconoscimenti / Acknowledgements

No hubiera sido posible sin el resto del equipo de la
Academia de España y colaboradores habituales /
Non sarebbe stato possibile senza il resto del team
dell'Accademia di Spagna e i collaboratori abituali /
It would not have been possible without the rest of
the Spanish Academy team and regular collaborators:
Federica Andreoni, Sonia Armada, Pino Censi, Marco
Colluci, Attilio Di Michele, Paola Di Stefano, Mino
Dominijanni, Cristina Esteras, Paloma Gutiérrez,
Alessandro Manca, Luca Piccolo, Roberto Santos, Maria
Spacchiotti, Simona Spacchiotti, Romina Suriano.

Nota importante / Important note

Distribución a cargo de / Distribuzione da parti di /
Distribution in charge of:
TURNER
www.turnerlibros.com

Distribuido en España por / Distribuito in Spagna da /
Distributed in Spain by:
Machado Grupo de Distribución
machadolibros@machadolibros.com
www.machadolibros.com

Distribuido en Latinoamérica por / Distribuito in America
Latina da / Distributed in Latin America by:
Océano
info@oceano.com
www.oceano.com

Distribuido en Estados Unidos y Canadá por / Distribuito
in Stati Uniti e Canada da / Distributed in United States
and Canada by:
DAP
orders@dapinc.com
www.artbook.com

Distribuido en Europa por / Distribuito in Europa da /
Distributed in Europe by:
ACC
sales@antique-acc.com
www.accdistribution.com/uk